La Nueva Cocina Saludable
del Chef Oropeza

La Nueva Cocina Saludable
del Chef Oropeza

Juan Alfredo Oropeza Mercado
www.cheforopeza.com.mx

Diseño de portada: Ramón Navarro / Oropeza Comunicacioanes Culinarias, S. de R.L. de C.V.
Foto de portada: Shutterstock

Diseño: Burak & Asociados

Editor de gastronomía: Iván Ortiz

Ecónomo: Samuel Servín / Erika Domínguez / Lorelai Córdoba

Fotografía: Alejandro Vera / Enrique Segarra

Nutrióloga: Debby Braun / Adriana Moctezuma
Alimentare® Nutrition & Food Consulting
alinetare@aol.com
Lic. En Nutrición María Cristina Guzmán Bárcenas
MAPA Calidad y Desarrollo de Alimentos, S.C.
Referencia bibliográfica:
• Sistema Mexicano de Alimentos Mexicanos
• Valor Nutritivo de los alimentos de mayor consumo en México
• The Nutritive Value of Foods. USDA Home and Garden Bulletin
No. 72. 1989

Impreso en los talleres de Litográfica Ingramex, S.A. de C.V.
Centeno núm. 162, colonia Granjas Esmeralda, México, D.F.
Impreso y hecho en México – *Printed and made in Mexico*

Contenido

Prólogo

Expresión es para mí la única palabra que enuncia todo lo que viene a mi mente cuando pienso en comida. Cierro los ojos y me veo de pie en la cocina de mi casa. Tendría no más de siete años cuando acercaba el taburete a la alacena para poder alcanzar los ingredientes que coronaban la torre multicolor de productos. En las tardes, por lo general, no había nadie en casa, así que el único sonido que escuchaba era el que yo hacía. Tomaba las tortillas del último estante, abría el refri y sacaba una salsa de tomate, crema y queso. Iba por la sartén, encendía la hornilla acercando un cerillo con tanto temor, que retiraba la mano al instante para no quemarme; la mayoría de las veces no conseguía prenderla. Finalmente, tomaba el aceite, lo calentaba y echaba las tortillas en él; luego las sacaba y les ponía la salsa, crema y queso. Sin saberlo, estaba haciendo mi primera receta: unas inolvidables "saladillas" (así las bauticé). Y no solo eso, sino que también expresaba mi deseo de comer rico, de independencia.

Expresión es, sobre todo, el camino que determinó el increíble viaje que he realizado con ustedes los últimos siete años y que me ha llevado a compartir la experiencia que me ha regalado el recorrido al escribir este libro. Un libro que no pretende ser un listado de recetas, una compilación de técnicas, sino el jugo concentrado de todas las vivencias que permanecen en nuestra memoria que, en mi caso, tienen forma de platillos.

Y, sí, así fue en los últimos años como me expresé de formas diversas. A veces, en grandes banquetes, en los que la comida celebra o conmemora ocasiones especiales. Las bodas con más de 500 invitados en cuyo paladar te gustaría dejar huella, volviéndote cómplice de los novios. Bautizos en los que compartes la alegría de la llegada de un nuevo ser con platillos vivaces. Aniversarios que marcan el tiempo con la constancia, brindando sabores, aromas y texturas en los alimentos, que son también anécdotas felices o graciosas. Propuestas matrimoniales en las que la prometida te pide que "por favor, cocines algo ligero porque no va a poder comer de los nervios"; pero le preparas algo más, y los platillos sirven para romper el hielo y facilitar la llegada del gran momento cuando por fin digan: "me quiero casar con su hija".

Parte de estos siete años los pase viajando por la República Mexicana, aprendiendo más y más de los secretos que guarda la cocina y nuestra gente; de este mi gran país: México. También tuvimos la fortuna de servir los alimentos durante el rodaje de numerosas películas, y en aquel tiempo aprendí, tras ver el trabajo extenuante que llevan a cabo camarógrafos, sonidistas, técnicos y actores, que la comida debía ser para cada uno de ellos una recompensa. Que desde el primer bocado, el sabor explotara en sus bocas y los hiciera pensar: "valió la pena". Asimismo, entendí la responsabilidad que implicaba la selección de las recetas que prepararía, pues todas debían proveerles las vitaminas y elementos necesarios para que tuvieran la fuerza y la energía que requerían para hacer su trabajo con éxito.

La expresión llegó a aviones ejecutivos, jefes de Estado, celebridades, asilos, albergues, orfelinatos, jornaleros mexicanos trabajando en los campos de Estado Unidos y, por supuesto, mi propia familia. Todo eso se traduce a recetas que en cada momento intentaron expresar algo del respeto, solidaridad, admiración y hasta el amor que siento por cada una de las personas que conocí y que me cambiaron de alguna manera.

Entonces, si la comida para mí es la expresión, yo debía convertirla en un lenguaje y no solo eso, sino también ser un experto y pulir el idioma que deseaba llamar mío. Es cuando ustedes me dieron otra valiosa lección que me transformó para siempre. Hace seis años descubrí que hacer comida saludable y conocer las propiedades nutrimentales de los alimentos era tan importante como el hecho de que todo el mundo pudiera conocerlas como yo para aplicarlas en su día a día de manera rápida, sencilla y económica.

En Tijuana fui invitado a una conferencia acerca de la comida saludable y pude ver a un auditorio para 600 personas colmado, además de 300 personas más que no pudieron entrar y que deseaban conocer esa información. Desde entonces, supe que todos y cada uno de nosotros debíamos tener las herramientas necesarias para mejorar nuestro cuerpo, nuestra salud. Ahora, transmitir este aprendizaje es una prioridad en mi vida.

Por eso y sin ánimo de que suene a comercial, quiero expresar un sincero agradecimiento a las marcas que me han apoyado en este increíble viaje: LALA y WHIRLPOOL, gracias, porque la confianza en mí y en mi trabajo hizo posible que yo sea quien soy hoy y que conociera a tantas y tantas personas que han enriquecido mi camino día con día.

EXPRESIÓN Eso es la cocina para mí. Una "salsadilla" que a los siete años mostró una inquietud y que hoy es una vida que no podría imaginar de otra manera. Espero que el libro que tienen entre sus manos las y los ayude a decir con platillos "felicidades", "te lo mereces", "te quiero", "te extraño", "quédate", "gracias", "¿te acuerdas?", y mucho, pero mucho más. Que las técnicas y recetas que aparecen en estas páginas las aprovechen al máximo, pues fueron hechas para que todos podamos hacerlas y usarlas de manera divertida, rápida, económica y saludable. Que las y los ayude a desarrollar su propio lenguaje, su propio idioma y que logren compartir lo que llevan dentro, apelando a todos los sentidos: la vista, el tacto, el oído, el olfato y el gusto. Y ojalá que cada uno de ustedes encuentre su propia "salsadilla".

Oropeza.
Gracias

SENSING THE DIFFERENCE

Antes de comenzar

De seguro compartes conmigo la opinión de que los buenos tiempos, normalmente, giran alrededor de tus seres queridos, ya sean papás, abuelos, pareja, amigos, etc., y para ello –desde mi punto de vista– es importante contar con dos cosas: la primera, una deliciosa comida y la segunda, SALUD. Por este motivo, inicio mi primer capítulo hablando de un tema que todos debemos conocer y platicarlo con nuestros cómplices de los buenos tiempos, pues muchas enfermedades se pueden prevenir. A continuación te cuento acerca del colesterol.

El colesterol es un compuesto relacionado con las grasas y se divide en dos:

Colesterol exógeno

Es como se le conoce al colesterol que se encuentra en ciertos productos alimenticios, básicamente en productos animales, y es muy difícil que lo encuentres en productos vegetales.

Colesterol endógeno

Es el colesterol que produce nuestro cuerpo de forma natural y que se encuentra en la sangre. Este colesterol se produce en el hígado y es de vital importancia para el ser humano; entre otras, cumple las funciones de proteger el sistema nervioso y tejidos, mientras en la piel se convierte en vitamina D al contacto con el sol. Este colesterol también interviene en la formación de ciertos bloques de hormonas. La recomendación de consumo diario de colesterol exógeno es de 300 miligramos al día.

Casi siempre que uno está con el doctor, ya sea nutriólogo, endocrinólogo, etc., durante la conversación se mencionan ciertos términos o abreviaturas que no todos entendemos. Algunos de ellos –y que están íntimamente relacionados con el colesterol– son los siguientes: LDL y HDL, ambos son lipoproteínas y se encargan de transportar el colesterol por el sistema circulatorio, es decir, por la sangre, sólo que las HDL (lipoproteínas de alta densidad) se encargan de limpiar o sacar el colesterol del sistema circulatorio. Estas lipoproteínas las puedes encontrar en grasas buenas o, como también se les conoce, grasas monoinsaturadas y poliinsaturadas. Éstas se encuentran en aceites vegetales como el de oliva o de canola y en algunas semillas como ajonjolí, cacahuate, nueces y almendras.

A diferencia de las HDL, que son buenas para tu organismo, el tener niveles altos de las LDL (lipoproteínas de baja densidad) es un problema, pues estas lipoproteínas tienen una textura pegajosa que hace que el colesterol se quede en las arterias, lo cual, con el paso del tiempo, hará que las arterias se bloqueen, generando entre otros problemas, arritmias cardiacas, embolias y hasta infartos. Está comprobado que el abuso en el consumo de grasas saturadas aumenta los niveles de LDL, es por ello que especialistas en salud recomiendan disminuir el consumo de grasas saturadas.

Como ya te platiqué, existen alimentos que provocan altos niveles de colesterol y los especialistas recomiendan consumirlos con moderación. Aquí te menciono algunos de ellos:

- Embutidos de cerdo
- Chicharrón
- Manteca
- Aceite de coco
- Vísceras

Entre los alimentos que favorecen o ayudan a reducir los niveles altos de colesterol te menciono los siguientes:

- Aceite de canola
- Aceite de oliva
- Arenque
- Salmón
- Trucha
- Semillas como nueces, almendras, ajonjolí y cacahuates
- Soya

Te sugiero que te hagas una autoevaluación para ver si estás en riesgo de presentar problemas de colesterol elevado o hipercolesterolemia:

- Fumar
- Presión arterial alta
- Familiares con enfermedades cardiacas
- Edad arriba de 28 años
- Diabetes
- Sobrepeso
- Falta de ejercicio
- Consumo de gran cantidad de grasas animales

Si contestaste más de dos veces SÍ, me da mucho gusto decirte que necesitas modificar tus hábitos, es decir, ¡tienes la oportunidad de evitar un gran número de enfermedades! Sólo necesitas iniciar con lo siguiente:

Consume frutas, verduras, legumbres, aceite de oliva. Reduce la cantidad de carnes rojas y aumenta el consumo de pescado, cereales integrales y arroz.

Es fundamental reducir el consumo de grasas saturadas, que provienen especialmente de los productos de origen animal como carnes rojas, manteca y leche entera con sus derivados.

Aunque los aceites vegetales están especialmente recomendados es mejor no abusar de frituras con técnica de inmersión en aceites o manteca, es decir: freír. Recuerda que puedes conseguir esa misma textura crujiente con la técnica de horneado a temperatura elevada sobre una parrilla o rack.

Según la Encuesta Nacional de Salud 2006, el 25% de los mexicanos fuma, y de ese porcentaje, el 42% sufre de hipercolesterolemia, multiplicando así el riesgo de padecer enfermedades cardiovasculares.

La práctica regular de ejercicios –de 30 a 60 minutos, de tres a cinco veces por semana– también reduce los niveles de colesterol "malo" y contribuye a aumentar el colesterol "bueno". La actividad debe ser preferentemente aeróbica, es decir, caminar, trotar, correr, brincar la cuerda, hacer aerobics, andar en bicicleta, etc., y conviene realizarla con intensidad moderada en un inicio. Como tip, deberías poder hablar sin que se te corte la voz mientras realizas la actividad en cuestión.

Capítulo I

La nutrición y la gastronomía son temas que en la actualidad se ligan íntimamente. Ésta es una idea que comparto con mucha gente y, aun respetando opiniones contrarias, considero que es válido tomarla como base para desarrollar un menú o un régimen alimenticio saludable, sin que necesariamente se sacrifique el disfrutar de uno de los más grandes placeres del ser humano: comer.

La relación entre estos dos temas ha provocado que cuando hablamos de cocina usemos palabras de nutrición y gastronomía. Y como he escuchado varios comentarios de personas que visitan al nutriólogo de que en el sentido de que sienten que les habla en otro idioma, creo conveniente empezar por revisar algunos de los términos más utilizados por ellos para su mejor comprensión.

Nutrición

Es la suma de procesos que incluyen la ingestión, digestión, absorción, transporte, utilización, y excreción de sustancias alimenticias. En otras palabras, es el estudio de la manera en que los seres humanos hacen uso de la comida o de la forma en que comen para cubrir las necesidades de su organismo.

Los nutrimentos no son la comida por sí misma, sino algunos de los elementos de los que está compuesta la comida. Por ejemplo, nosotros vemos un mango y lo traducimos en una deliciosa fruta, jugosa, aromática y dulce. No lo vemos como carbohidratos, fibra, vitaminas y minerales.

Calorías

La caloría es una unidad de medida como el metro, el litro o el gramo. La caloría se usa para indicar el valor energético de un alimento o bebida en específico. Es por esto que mucha gente utiliza el conteo de calorías como forma de controlar su peso.

Casi todos los nutrimentos contienen calorías en mayor o menor cantidad, por ejemplo: los carbohidratos y las proteínas contienen 4 calorías por gramo. Las grasas tienen 9 y el alcohol tiene 7.

• Calorías vacías
La mayoría de los alimentos que han sido procesados o refinados, como el alcohol o el azúcar, no aportan nutrimentos al organismo y por ello se les conoce como calorías vacías.

Carbohidratos o hidratos de carbono:

Son la principal fuente de energía para el cerebro y el sistema nervioso. Proveen de energía a los músculos para hacer posible el movimiento y regulan en parte el metabolismo de las grasas. El 55 a 60% de las calorías que requiere una persona deben provenir de los carbohidratos.

A los carbohidratos se les divide en dos: simples y compuestos.

• Carbohidratos simples
Se les conoce también como de azúcar simple.

¿Dónde los podemos encontrar? Se encuentran en frutas, leche y vegetales.

Al azúcar natural que contienen las frutas se le conoce con el nombre de fructosa, al de la leche se le conoce como lactosa y un caso particular es el de las uvas que contienen maltosa.

La diferencia de este tipo de azúcares naturales con las refinadas, como son la miel de maple, molasas, azúcar blanca, azúcar morena, jarabes de maíz y algunos otros endulzantes que solamente aportan calorías vacías. Es decir, su aportación de nutrimentos como vitaminas y minerales es casi nulo.

Sin embargo, hay que admitir que este tipo de azúcares tienen un papel muy importante en muchas recetas porque suavizan, conservan y añaden mucho sabor a los platillos, pero hay que tener cuidado en no abusar de ellas ya que debes recordar que muchas calorías en tu dieta harán que subas de peso.

• Carbohidratos complejos
Este tipo de carbohidratos los puedes encontrar en granos y cereales como el arroz, trigo y maíz; en leguminosas como el frijol, lentejas y habas, así como en frutas y vegetales.

Fibra

La fibra es otro carbohidrato esencial para una dieta saludable. Es la mezcla de diferentes componentes y se encuentra en los carbohidratos complejos (trigo, maíz, arroz, frijol, lentejas y habas). La fibra se divide en dos: solubles e insolubles.

• Fibras solubles
Se ha demostrado que estas fibras cumplen con una función muy importante que es la de reducir los niveles de colesterol y con esto el riesgo de ataques al corazón. También ayudan a regular el uso de azúcares por el cuerpo y de esta forma retrasan la digestión e inhiben y retrasan la sensación de hambre. Como ejemplo de estas fibras tenemos: manzanas, peras, avena, frijol, garbanzo, lentejas y alubias

• Fibras no solubles
Éstas no se disuelven en agua sino al revés, absorben agua y se hacen más voluminosas causando así una sensación de saciedad o falta de apetito. Al mismo tiempo, ayudan a

que los intestinos trabajen más rápido previniendo de esta forma desórdenes gastrointestinales. Está comprobado que las fibras no solubles ayudan a prevenir ciertos tipos de cáncer y diabetes tipo 2. Las podemos encontrar en nueces, harinas de trigo y palomitas de maíz.

Proteínas

La palabra proteína viene de la palabra griega *proteios*, que significa "de suma importancia". Y sí es de suma importancia el incluirlas en nuestra dieta diaria. El porcentaje de calorías que deben aportar las proteínas es del 12 al 15%, esto corresponde a 240 o 300 calorías en un régimen de 2000.

Las proteínas contienen cuatro calorías por cada gramo, por lo que sólo se requieren de 65 a 70 gramos de proteínas para cubrir su requerimiento diario en un régimen de 2000 calorías al día.

Los niños y las mujeres embarazadas o en lactancia deben aumentar su ingestión de proteínas, pues éstas son muy importantes para el crecimiento y la producción de anticuerpos, enzimas y hormonas.

El dicho "ni tanto que queme al santo, ni tanto que no lo alumbre" puede aplicarse a las proteínas porque su consumo excesivo se liga con diferentes tipos de problemas. Y como el cuerpo no puede tener un exceso de proteínas, él mismo lo metaboliza y termina convirtiéndolo en grasa.

Las proteínas están compuestas de aminoácidos de los que existen aproximadamente 20 tipos diferentes y de los cuales nuestro cuerpo puede crear la mayoría. Pero existen ocho tipos de aminoácidos esenciales que no son producidos por nuestro cuerpo y éstos pueden ser encontrados, en su mayoría, en alimentos ricos en proteínas.

Las proteínas pueden ser catalogadas o divididas en dos: las completas y las incompletas.

Las proteínas completas o de origen animal son cualquier clase de alimento que contenga los ocho aminoácidos esenciales necesarios para producir el resto de las proteínas. Por ejemplo: carnes, aves, pescados, quesos, huevo y leche (en su mayoría productos de origen animal).

Pero cuidado, ya que algunas de ellas también contienen grasas saturadas y colesterol (carnes rojas y huevo).

Las proteínas incompletas o de origen vegetal, como los vegetales, granos, nueces, etc., no contienen todos los aminoácidos esenciales. Sin embargo, cada uno de ellos tiene diferentes tipos de aminoácidos esenciales y es la combinación de éstos la que nos da un balance perfecto, ya que estudios recientes comprueban que nuestro cuerpo no necesita los ocho aminoácidos esenciales en la misma comida, sino en la combinación de las diferentes comidas de un día.

Un ejemplo de este tipo de alimentación es la de generaciones anteriores que mezclaban la tortilla con los frijoles.

Colesterol

Existen dos tipos de colesterol: exógeno (malo) y endógeno (bueno).

El endógeno es encontrado en el torrente sanguíneo (sangre) del ser humano y es un compuesto esencial para vivir. Este colesterol es producido por el hígado y tiene, entre otras, las funciones de crear una especie de cubierta para proteger a las fibras nerviosas; en la piel, el colesterol es convertido en vitamina D con ayuda del sol y brinda protección a algunas hormonas.

Como el colesterol es un compuesto que nuestro mismo organismo puede producir a través de diferentes alimentos, no es recomendable abusar en nuestros menús de altos niveles de colesterol exógeno que proviene de algunos alimentos.

Rediseño de la Pirámide Alimenticia por Walter Willet
Harvard School of Public Health

Tomado de: *Eat, Drink and be Healthy* por Walter C. Willet, M.D.
© Simon & Schuster, 2001
© 2002 President and Fellows of Harvard College

Capítulo II

Enfermedades
y síntomas
relacionados
con el
sobrepeso

Plan de
acondi-
cionamiento

En las últimas dos décadas, la población mexicana ha experimentado cambios en la salud: por una parte, la desnutrición aqueja principalmente a niños y a mujeres, mientras la obesidad y una diversidad de enfermedades crónicas han emergido como problema de salud pública. Padecimientos relacionados con el excesivo consumo de grasa son cada vez más frecuentes.

Los cambios de estilos de vida y tipo de alimentación incrementan factores de riesgo como obesidad y dislipidemias, favoreciendo la prevalencia de las Enfermedades Crónicas No Transmisibles (ECNT).

Más del 50% de la población entre 20 y 69 años (20 millones) es portadora de al menos una de las ECNT y más de la mitad lo desconoce. La prevalencia nacional de estas enfermedades, como hipertensión arterial sistémica, es del 30.05%, de diabetes tipo 2 de 10.8% y de obesidad de 24.4%.

De acuerdo con los resultados de la segunda Encuesta Nacional de Nutrición 1999 (ENN-99), existen más de 11 millones de mujeres de 12 a 49 años de edad con sobrepeso y obesidad.

SÍNTOMAS DE PRESIÓN ARTERIAL ALTA
Acúfenos o zumbidos de oído, fosfenos o presencia de destellos de luz intermitentes, dolor de cabeza y mareo. Enfermedades: diabetes y accidentes vasculares cerebrales.

PROBLEMAS DEL CORAZÓN
Edema, retención de agua, hinchazón en el cuerpo, sianosis cambios de color en las puntas de los dedos, (azul) o labios, dificultad para respirar, taquicardia.

DIABETES
Mucha sed, polaquiuria, orina frecuente, mucha hambre. Insuficiencia renal, catarata diabética que puede llegar a ceguera, ateroesclerosis, gangrena.

PROBLEMAS DE ESPALDA Y RODILLAS
Dolor en articulaciones, cansancio, lumbalgia dolor de cintura. Hernias de disco.

INFARTOS CARDÍACOS
Dolor de pecho, hombro y brazo del lado izquierdo, falta de aire. Ateroesclerosis.

PROBLEMAS DE AUTOESTIMA
Hipocondria, aislamiento de la sociedad, depresión, angustia, suicidio.

PROBLEMAS DE TIPO EMOCIONAL
Fácil llanto, angustia, depresión.

Cómo iniciar un plan de acondicionamiento físico

Es muy importante incluir en tus hábitos algún tipo de ejercicio cardiovascular como caminar, subir escaleras, correr, bicicleta, etc. Un tip importante para quienes no acostumbran hacer ejercicio es el de iniciar con un plan mensual haciendo cualquier ejercicio aeróbico cada tercer día por un periodo de 20 minutos, a una intensidad de media a baja. No debes llegar a sofocarte, debes de poder platicar mientras realizas esta actividad. Te recomiendo que te asesores con algún experto en la materia.

Diferencias entre sobrepeso y obesidad
Tú lo puedes determinar con la fórmula del índice de masa corporal.
Esta fórmula es la siguiente:

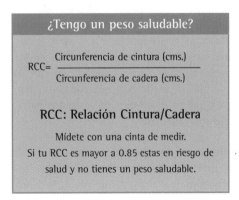

¿Estoy en mi peso?

$$IMC = \frac{\text{Peso actual en kilogramos}}{\text{Estatura en metros}}$$

IMC: Índice de masa corporal
Si tu IMC es:
25 o más = SOBREPESO
18 a 25 = PESO NORMAL
Menos de 18 = BAJO PESO

¿Tengo un peso saludable?

$$RCC = \frac{\text{Circunferencia de cintura (cms.)}}{\text{Circunferencia de cadera (cms.)}}$$

RCC: Relación Cintura/Cadera
Mídete con una cinta de medir.
Si tu RCC es mayor a 0.85 estas en riesgo de salud y no tienes un peso saludable.

Capítulo III

La tecnología y la cocina nunca estuvieron más de la mano que ahora. Whirlpool ha dado un paso más buscando facilitar la vida de quienes disfrutamos el placer de preparar platillos inolvidables y, al mismo tiempo, tenemos un fuerte compromiso con nuestro medio ambiente: la tecnología de **Flama Azul**.

Por eso, antes de mostrarles las técnicas de la cocina saludable, quise compartir con ustedes este gran hallazgo que nos permite lograr una mejor cocción con menor consumo de gas, mantener temperaturas exactas como nunca se han obtenido y mayor espacio para quienes gustamos de hornear más de dos platillos a la vez. Todo esto, integrando en cada uno de sus logros, la más avanzada tecnología que nos ayudará a darle un toque muy especial a nuestras recetas y tener un gran ahorro de energía.

Ahora sí, los secretos de la cocina saludable.

Técnicas de la cocina saludable

• Saltear

La forma saludable es barnizar ligeramente con muy poco aceite el sartén que se va a utilizar. Esto lo hacemos para darle tiempo a lo que vamos a cocinar de soltar su propia grasa y así evitar que se pegue. En esta técnica de cocción el problema viene cuando se abusa del aceite, por lo que te recomiendo usar aceite en aerosol en cualquiera de sus presentaciones para asegurarte de que la cantidad de aceite es la adecuada, así como para que no se peguen los alimentos mientras son cocinados.

Otra forma de saltear de manera saludable es utilizar el novedoso **Quemador Wok Tetracrown** de Whirlpool, que adopta la forma cóncava del clásico sartén utilizado en una de las cocinas más sanas del mundo, la gastronomía oriental. Con este quemador wok obtendrás una cocción rápida y uniforme sin usar más gas de la cuenta.

Los alimentos que entran en esta técnica de cocción saludable son aquellos que son suaves, del tamaño de una porción o más chicos y delgados, como para que se puedan cocinar rápidamente sin que se endurezcan.

En contra de lo que se pudiera pensar, esta técnica de cocción se usa con muy buenos resultados para frutas y vegetales. Existen algunos que son más difíciles de cocer y necesitan estar precocidos antes de saltear como el brócoli, la zanahoria o la coliflor.

• Parrillar

Ésta es la técnica más popular en la cocina saludable, pues casi no se necesita grasa, el sabor es muy particular y la presentación es muy agradable y del gusto de la mayoría de la gente. En este caso, la mayor parte de los alimentos se puede hacer a la parrilla: desde carnes, pescados, mariscos y vegetales hasta frutas, pizzas y sándwiches. A esta técnica se le pueden agregar diferentes tipos de sabores a través de carbón, o maderas.

• Rostizar y hornear

Estas dos técnicas son ideales para la cocina saludable porque el sabor que le dan a los alimentos es único y casi inigualable. En esta técnica, al igual que a la parrilla, los alimentos no necesitan más que les pongas todo el sabor antes de meterlos al horno, ya que se cocinan con el aire caliente.

Esta técnica además de saludable es muy sencilla, y más cuando utilizamos el **Broil Control** de Whirlpool, que es un eficiente asador eléctrico de fácil uso y excelentes resultados. En él podemos dorar unos crujientes crutones, gratinar unas picositas enchiladas suizas o simplemente mantener caliente nuestros platillos favoritos.

Tecnología gourmet aplicada al servicio de de tu mesa y tu familia.

En el caso del horno, Whirlpool también lanza una innovación que vuelve más eficiente el proceso de hacer recetas al pie de la letra. ¿Cómo? Sencillo, programando a la temperatura exacta que deseamos cocinar nuestros alimentos, además de contar con un timer o alarma que nos avisará cuando nuestros alimentos estén listos. De esta manera, podrás hacer más de una cosa a la vez.

Una de las características que más me gustó de la estufa Whirlpool es el sistema de seguridad que con un simple botón impide girar las perillas, que no necesitas cerillos para encenderlo y una válvula que corta la salida del gas. Esto quiere decir mayor seguridad para tu familia y tranquilidad para ti.

• Cocer al vapor

Cuando la gente piensa en comer saludable lo primero que les viene a la mente es cocer al vapor, ya que no se usa aceite o grasa, pero también saben que lo que se haga al vapor casi no tiene sabor. En estos casos el reto es agregarle sabor a los alimentos que se cuecen de esta forma.

Algo que puedes hacer para darle sabor a los alimentos cocinados al vapor es agregar hierbas de olor, cebolla, ajo, vegetales o jugos de frutas y envolverlos en papel aluminio para cocerlos. Al abrir el papel aluminio, el aroma que brota de ellos es sensacional.

Para cocinar vegetales, en lugar de dejar que se cuezan solamente con el vapor de agua, puedes utilizar una técnica que se llama *pan steaming* que consiste en agregar algún jugo de fruta, vinagre o caldo a los vegetales que vas a cocer y ponerlos a fuego lento. Por ejemplo ejotes cocidos con un poco de jugo de naranja.

Cuando cuezas solamente con el vapor de agua puedes agregar al agua vino blanco o tinto según el caso, hierbas de olor, vinagre, etc. Para que con el aroma que sale del agua condensada tomen un mejor sabor.

• Pochar

En esta técnica, así como en algunas otras que verás más adelante, los alimentos se sumergen en una olla con líquido hasta cubrirlos a una temperatura de 70°C a 82°C. (flama 1/4. Fuego bajo). Recomiendo esta técnica para huevo, pescados o carnes suaves.

• Cocer a fuego lento

Como su nombre lo dice, en esta técnica, al igual que en la anterior, los alimentos se cuecen dentro de algún líquido. La temperatura a la que tiene que estar el agua es de 82°C a 85°C (fuego medio). Te recomiendo que utilices esta técnica con pollo entero, granos como frijol o lentejas y algunos vegetales.

• Hervir:

Como ya sabemos, los líquidos llegan a punto de ebullición a los 100°C. Esta técnica es recomendable sólo para pastas secas y algunos vegetales y no para carnes porque a esta temperatura se pondría chiclosa o dura.

En cualquiera de estos tres casos puedes agregar sabor a lo que cocines mezclando el agua con hierbas de olor, vino o vinagres.

Disfruta preparando recetas inolvidables, construyendo momentos que tu familia y amigos atesorarán para siempre con la estufa Whirlpool 3 en 1 (horno, asador eléctrico, asador inferior de gas). No batalles más limpiando o comprando productos corrosivos cuando un poco de salsa saltó de la olla, y deja que las superficies Ultra top clean hagan el trabajo por ti.

Recuerda que cocinar es fácil y divertido.

Capítulo IV

La sal contiene sodio que es un mineral vital que ayuda al cuerpo a mantener los fluídos en balance, pero el uso excesivo de ésta puede generar problemas de hipertensión o presión arterial alta, por lo que es importante hacer uso de ella de manera adecuada.

Por ejemplo, el uso correcto o más efectivo de la sal es cuando se usa en pequeñas dosis y al principio del proceso de cocinado en lugar de agregarla cuando el platillo está listo. Cuando agregamos sal a una carne cruda ésta se impregna de manera más profunda. El sabor mejora y el uso de la sal es correcto, porque se absorbe, fija y suaviza.

Otro punto importante que debe mencionarse es que, dependiendo de la temperatura del alimento así de fuerte será el sabor de la sal, pues éste es más prominente en temperaturas frías o templadas que en caliente.

Un tip importante es que procures realzar el sabor de tus alimentos incorporando condimentos y especias naturales con la sal. Por ejemplo: agrégale cilantro picado con chile y limón o jengibre, ajo y cebollín, aceite de oliva, limón, orégano y jitomate o albahaca y ajo.

Tipos de sal

• **Sal de mesa**
Es la que más se usa en la cocina. Normalmente son gránulos pequeños en forma de cubos.

• **Sal kosher**
Son gránulos de sal comprimidos, más ligera de peso en comparación con la sal de mesa y se obtiene a través de un proceso de evaporación parecido al de la sal de mar.

• **Sal de grano**
Se obtiene de sal de mar, laguna salitrosa o evaporación. Generalmente es un producto con impurezas y humedad. Para uso industrial, tratamiento de agua o salmuera que no requiere pureza.

• **Sal de mar**
Se produce a través de la evaporación de agua de mar. Su adherencia y disolvencia en la comida es buena.

• **Sal fina**
Producto de primera calidad que incluye yodo y fluor. Es la sal más pura, uniforme en tamaño y dimensiones, de grano refinado que permite integrarse mejor a los alimentos realzando así el sabor de la comida.

Endulzantes

• Azúcar refinada

Este proceso se lleva a cabo a través de la concentración y purificación de carbohidratos encontrados en algunos alimentos. Se puede hacer de manera industrial como el azúcar refinada, la melaza, la miel de maíz, la miel de maple o de manera natural, como a partir de la miel que producen las abejas del néctar de las flores.

Como fuente de carbohidratos, el azúcar refinada es una buena fuente de energía, pero tiene muy pocos nutrientes, lo que la hace una fuente de calorías vacías.

• Endulzantes naturales

Siempre que sea posible usa jugos de frutas, frutas secas o frutas naturales como una fuente saludable para endulzar la comida. Mientras que el azúcar refinada es una fuente de calorías vacías, los endulzantes naturales, como las frutas secas y naturales, aportan nutrientes además de endulzar.

Existen formas de aumentar el sabor dulce de las frutas y del azúcar refinada por medio del calor. Caramelizar el azúcar crea un sabor más complejo y fuerte. El mezclar azúcar o frutas con especias dulces, como el cardamomo, la canela o la vainilla, aumentará el sabor dulce. Calienta los postres. Recuerda tibios o calientes se perciben más dulces.

Capítulo V

Grasas y aceites

• Lo bueno y lo malo

Lo bueno
En contra de lo que opina la mayoría de la gente, la grasa también es un elemento indispensable para el ser humano, así como para nosotros los cocineros, para desarrollar cualquier tipo de menú por el sabor y las texturas que pueden aportar a un platillo. Algunas de las funciones de las grasas son las de proteger la mayoría de los órganos vitales. También ayudan a mantener y regular la temperatura corporal y durante la digestión la grasa se va hacia la parte alta del estómago; es digerida lentamente y por esta razón mantiene constantes los niveles de glucosa en la sangre creando así la sensación de saciedad y evitando con esto el que uno siga comiendo.

Lo malo
El exceso de grasas no es saludable, pues aumenta las probabilidades de enfermedades del corazón, algunos tipos de cáncer y obviamente contribuye de manera directa a subir de peso muy rápidamente, pues cada gramo de grasa equivale a 9 calorías.

Las grasas y aceites están compuestos de tres diferentes tipos de grasas que son:

Grasas monoinsaturadas
Estas son las más recomendables en un régimen alimenticio saludable porque disminuyen los riesgos de enfermedades cardiovasculares, a la vez que tienden a disminuir el nivel de ciertos tipos de colesterol y también las probabilidades de enfermarse de arterioesclerosis

Podemos encontrar grasas monosaturadas en el aceite de oliva, las aceitunas, el aceite de cacahuate, los cacahuates, aguacates y almendras.

Aceites o grasas poliinsaturadas
Estas grasas o aceites aún pueden ser recomendables. Aunque no tienen las mismas propiedades que las monosaturadas, estas grasas las podemos encontrar en el aceite de maíz, en los elotes, semillas de girasol, nueces, aceite de nuez, ajonjolí, aceite de ajonjolí, aceite de soya y canola.

Aceites y grasas saturadas
Las grasas saturadas se encuentran en su mayoría en productos de origen animal, como por ejemplo la mantequilla, la manteca (animal), en la piel del pollo, carne de cerdo, embutidos, tocino, salchichas, huevo y coco. Las grasas saturadas son responsables del incremento en los niveles de colesterol y con esto aumentan las probabilidades de desarrollar enfermedades cardiovasculares.

GRASA DIETÉTICA	El contenido de ácido graso normalizado al 100%			
Aceite de canola	7%	21%	11%	61%
Aceite de cártamo	10%	76%	Referencia	14%
Aceite de girasol	12%	71%	1%	16%
Aceite de maíz	13%	57%	1%	29%
Aceite de oliva	15%	9%	1%	75%
Aceite de semilla de soya	15%	54%	8%	23%
Aceite de cacahuate	19%	33%	Referencia	48%
Aceite de semilla de algodón	27%	54%	Ref.	19%
Manteca de cerdo*	43%	9%	1%	47%
Sebo de res*	48%	2%	1%	49%
Aceite de palma	51%	10%	Referencia	39%
Grasa de la leche	68%	3%	1%	28%
Aceite de coco	91%		2%	7%

*Contenido de colesterol (mg/cucharada sopera): anteca de cerdo 12; Sebo de res 14; grasa de leche 33. No existe colesterol en ninguno de los aceites de base vegetal.
Fuente: POS Pilot Plant Corporation, Saskatoon, Saskatchowan, Canadá, junio,1994.

Grasa saturada

Grasa monoinsaturada

Grasa poliinsaturada

Ácido linoléico

Ácido alfa-linoléico (un ácido graso Omega-3)

Capítulo VI

Vitaminas y minerales

Las vitaminas son un grupo de sustancias orgánicas sin valor energético propio, necesarias para el buen funcionamiento del cuerpo humano. Las vitaminas se dividen en dos diferentes tipos: las solubles en agua y las solubles en grasa.

Vitaminas solubles en agua

Estas vitaminas son la C o ácido ascórbico y las B. Y, como su nombre lo dice, se disuelven en agua. Por lo mismo son muy fáciles de transportar a través del torrente sanguíneo, lo cual significa que tenemos que proveer a nuestro cuerpo diariamente de estas vitaminas, pues las eliminamos diariamente a través de los fluidos.

La vitamina C la encontramos en: limón, naranja, kiwi, guayaba, etc. Esta vitamina favorece la absorción de hierro y es fundamental para el crecimiento y mantenimiento de los tejidos corporales, ya que estimula la producción de colágeno que a su vez hace que los tejidos se mantengan unidos; también estimula tu sistema inmunológico. La vitamina C tiene además propiedades antioxidantes por lo cual protege a tus células de diferentes factores de riesgo.

La vitamina B la puedes encontrar en granos como el ajonjolí; en legumbres como las lentejas, en carne de res o ternera y en pescados o mariscos. Esta vitamina es esencial para la producción de energía del cuerpo. Su deficiencia se traduce en anemia.

Vitamina B12. Esta vitamina sólo la puedes encontrar en alimentos de origen animal: carne de res, cordero, ternera, cerdo o ganso. Por esto, los vegetarianos deben cubrir la deficiencia de esta vitamina con algún suplemento alimenticio.

Vitaminas solubles en grasa

A diferencia de las vitaminas solubles en agua, estas vitaminas son almacenadas en el tejido adiposo ("las lonjas o callo de andadera") y se transportan con las grasas circulantes.

Éstas no son fáciles de eliminar. Son las vitaminas A, D, E y K. Las puedes encontrar en alimentos de origen vegetal y en aceites de pescado. Estas vitaminas, como cualquier otro elemento de los que hemos hablado, son indispensables para lograr un estado saludable de tu cuerpo, pero recuerda que deben tomarse en cantidades razonables, ya que el exceso de esta vitamina no lo eliminas fácilmente, sino que lo vas almacenado y esto puede tener consecuencias que deterioren tu salud.

Vitamina A: Se conoce como retinol. Esta vitamina no la puedes encontrar como tal en alimentos de origen vegetal, pero una sustancia conocida como caroteno, que nuestro organismo utiliza para producir vitamina A, la puedes ingerir a través de las naranjas, y las frutas y vegetales de color amarillo o verde oscuro. Ejemplos: papaya, mango o melón.

Vitamina D: Ésta tiene como una de sus funciones principales la formación de los huesos. La falta de esta vitamina se traduce en una enfermedad llamada raquitismo y su consecuencia es un crecimiento anormal de los huesos. También las personas que no tienen contacto con los rayos solares pueden sufrir de esta enfermedad, ya que la exposición al sol es un disparador para que nuestro cuerpo produzca vitamina D del colesterol. La encontramos en alimentos como la leche y cereales.

Vitamina E: Al igual que la vitamina C, ésta también tiene las propiedades de un antioxidante. La puedes encontrar en una gran variedad de alimentos como los aceites vegetales (margarina).

Vitamina K: Está directamente ligada con la buena coagulación sanguínea. La puedes encontrar en vegetales de color verde oscuro como el brócoli o la espinaca.

Minerales

Los minerales de mayor importancia son: el calcio, potasio, magnesio, sodio, fósforo y hierro.

Magnesio: Este mineral es vital para la formación de huesos y la estructura de los dientes. La falta de magnesio puede causar trastornos en el crecimiento, calambres y cansancio o fatiga. Este mineral lo puedes encontrar en vegetales verdes, espinacas, granos y leguminosas.

Sodio y potasio: A estos minerales se les conoce como electrolitos. Mantienen el balance de los fluídos del cuerpo, por ejemplo, el intraocular. También están involucrados de manera importante en las funciones nerviosas y musculares, pues controlan y mantienen el potencial eléctrico del sistema nervioso, que permite la transmisión de impulsos nerviosos por todo el cuerpo.

Es muy difícil llegar a padecer problemas por falta de sodio, ya que este mineral lo encontramos en la mayoría de los alimentos que comemos. Los síntomas por la falta de sodio son los siguientes: falta de apetito, calambres musculares y pérdida de la memoria. Cabe recordar que es más frecuente el tener problemas de niveles de sodio alto que bajo. Estos problemas se traducen en hipertensión o presión arterial alta.

En lo referente al potasio, éste lo podemos ingerir a través de frutas y vegetales como plátano y jitomate. Los síntomas por falta de potasio son fatiga, confusión y baja de presión.

Calcio: Este es el mineral de mayor importancia para el cuerpo, pues es el que tenemos en mayor cantidad. Gran parte del calcio se va a la construcción y desarrollo de los huesos. El resto lo utiliza el cuerpo humano para regular la presión arterial y la contracción muscular. La falta de calcio puede provocar una baja densidad ósea y desórdenes en el crecimiento. Lo podemos encontrar en productos lácteos como leche, yogurt, quesos y vegetales verdes.

Fósforo: Este mineral tiene como función compartida con el calcio el mantener la estructura ósea y dental. Es muy difícil encontrar gente con problemas de falta de fósforo ya que lo consumimos cada vez que ingerimos proteínas animales, nueces, cereales y leguminosas.

Flúor: Su función es el incorporarse al esmalte dental, lo que hace que los dientes sean más resistentes a las caries, al ataque de las bacterias y a los ácidos de la placa dentobacteriana. El flúor por lo general procede del agua fluorinada, pasta de dientes, té, cereales, carnes y pescado (sardinas, arenque y macarela).

Yodo: Es esencial para la producción de muchas hormonas y se relaciona con el crecimiento y el desarrollo apropiados. Lo podemos encontrar en la sal de mesa yodatada, en los mariscos, incluyendo las algas marinas, y en carne, frutas y verduras de zonas en las que el suelo contiene yodo.

Hierro: Es esencial para el organismo porque es constituyente de hemoglobina, mioglobina y varias enzimas oxidantes. Es necesario para la prevención de la anemia y juega un papel importante en la respiración y oxidación tisular. Algunas fuentes ricas en hierro son el hígado y otros órganos glandulares como la carne, huevo, mariscos; verduras de hoja verde como espinacas y brócoli, y leguminosas como frijol, alubias y garbanzos.

Cinc: Tiene una gran cantidad de funciones en el cuerpo, entre ellas, forma parte del sitio activo de 200 enzimas que participan en el metabolismo de la energía. El cinc fortalece al sistema inmune contra virus y bacterias, alergenos y carcinógenos invasores. Una ingesta inadecuada reduce nuestra resistencia a las enfermedades. El cinc se encuentra en el hígado, carne roja, yema de huevo, harina integral, mariscos, lácteos, vegetales y cereales.

Magnesio: Es necesario para el funcionamiento apropiado de los neurotransmisores, neuroquímicos y es vital para la división celular. También lo es para mantener los huesos y los dientes sanos y para el buen funcionamiento de los nervios. Actúa en el músculo cardíaco y en el sistema circulatorio, ya que previene el aumento de la presión sanguínea. Las fuentes apropiadas de magnesio son: vegetales verdes, harina de trigo entero, leche, huevos, pescado, legumbres, mariscos, nueces, carne, cereales y sus derivados.

Para estar en condiciones saludables, nuestro cuerpo necesita que se le aporten todos los nutrimentos necesarios para un buen desempeño. Con esto quiero decir que para lograr un cuerpo saludable necesitamos incluir en nuestra alimentación la mayor variedad de alimentos posible y, de esta forma, surtir a nuestro organismo con los nutrimentos que conocemos como esenciales que son las proteínas, carbohidratos, grasas, vitaminas y minerales.

Ahora que conocemos más términos del idioma de los nutriólogos, es el momento de avanzar en otros temas que también son de tu interés.

Existe una regla que dice: Si la energía que ingieres es igual a la energía que gastas, tu peso se mantendrá igual. Si tu ingesta de calorías es mayor a la cantidad que tu cuerpo metaboliza con tus actividades diarias, esto se reflejará en un aumento de peso corporal. Si en cambio, tu ingesta de calorías es menor a la que tu cuerpo necesita, esto se traducirá en una pérdida de peso.

Por supuesto que el subir o bajar de peso es un poco más complicado que esta regla, ya que debemos incluir algunas otras variantes como el tipo de calorías que consumimos y cómo las metaboliza nuestro cuerpo. Por ejemplo, si has estado sometida(o) repetidamente a sesiones de dietas tu metabolismo estará más lento. Si estás en un programa de

ejercicio físico regular (lo que yo te recomiendo ampliamente) esto aumentará tu metabolismo y tu capacidad para bajar de peso.

Por esta razón te recomiendo poner atención en la cantidad de calorías que estás sirviendo en tu plato, pues la combinación de muchas calorías, más la falta de ejercicio se traducen en sobrepeso.

Capítulo VII

Frutas y
vegetales

Granos y
leguminosas

La fruta es uno de los alimentos con más ventajas, ya que es muy sencillo prepararla y comerla. Tiene un sabor delicioso y está llena de vitaminas, minerales, antioxidantes y fibra esenciales para la salud. La fruta en general contiene muy poca grasa y calorías, pero aporta antioxidantes, mismos que previenen enfermedades como el cáncer y enfermedades del corazón. Procura comer las frutas con todo y piel, pues la mayor parte de fibra y algunas vitaminas se encuentran en la piel. La recomendación es consumir al menos tres porciones de fruta al día.

Es importante que sepas que la fruta congelada aporta las mismas vitaminas y minerales que la fruta a temperatura ambiente. Los jugos de frutas (recién exprimidos, congelados o concentrados) son una muy buena fuente de vitamina C.

A continuación encontrarás una tabla de frutas y verduras y la relación que tienen con los diferentes aparatos y sistemas de nuestro cuerpo.

1. Sistema inmunológico
2. Sistema digestivo
3. Piel, pelo y ojos
4. Corazón, circulación
5. Sistema nervioso
6. Huesos y músculos
7. Sistema respiratorio
8. Sistema excretor
9. Sistema reproductor

Frutas

Manzanas (1, 2, 4, 6)
Ricas en vitamina C y fibra soluble.
Buenas para el corazón y la circulación.
Ayudan a combatir el estreñimiento
y la diarrea.

Peras (2, 4)
Ricas en potasio y fibra soluble.
Buenas para dar energía y reducir el nivel de colesterol.

Ciruelas (2, 4)
Ricas en potasio.
Buenas para el corazón y la circulación.

Duraznos (2, 4, 5, 9)
Ricos en vitamina C y hierro.
Son recomendables durante el embarazo.
Aportan potasio y hierro. Son un laxante muy suave.
Son buenos para combatir la anemia, el cansancio y el estreñimiento.

Cítricos (1, 4)
Limón, naranja, toronja, mandarina, lima.
Ricos en vitamina C. Protegen al organismo contra infecciones. Son una buena fuente de potasio, fibra soluble e insoluble.

Zarzamoras (1, 2, 4)
Ricas en vitamina C y E.
Buenas para el corazón, la circulación y problemas de la piel.

Frambuesas (1, 2, 4, 5)
Ricas en vitamina C y fibra soluble.
Estimulan el sistema inmunológico, protegen contra el cáncer y problemas bucales.

Fresas (1, 4, 5, 6)
Ricas en vitamina C y en fibra soluble.
Ayudan a prevenir cáncer, artritis, gota y anemia.

Uvas (1, 2, 3, 5, 6, 8)
Ayudan a combatir la fatiga y la anemia.

Plátanos (2, 4, 5, 9)
Ricos en potasio, vitamina B6 y ácido fólico.
Reducen los niveles de colesterol y son buenos para la actividad física.
Ayudan a personas con úlcera estomacal y con cansancio crónico.

Melón y sandía (2, 6, 8)
Son buenos para estreñimientos ligeros, problemas urinarios, gota y artritis.

Piña (1, 2, 4)
Rica en fibra y bromelina.
Buena para los problemas digestivos, la fiebre y dolores de garganta.
Excelente protección para el corazón.

Guayaba
Rica en vitamina C y fibra soluble.
Buena para reforzar el sistema inmunoló-gico, reducir el colesterol y estreñimiento.
Protege el corazón y contra el cáncer.

Papaya (1, 2, 3, 4)
Rica en vitamina C, fibra y betacaroteno.
Buena para problemas digestivos.
Benéfica para la piel y el sistema inmunológico.

Mango (1, 3)
Rico en vitamina A, C, E y fibra.
Bueno para el sistema inmunológico y como protección contra el cáncer.

Kiwi (1, 2, 3)
Rico en vitamina C, fibra y potasio.
Bueno para el sistema inmunológico, la piel y problemas digestivos.

Frutas secas
Son fuente de energía instantánea. Es por ello que los montañistas las consumen. Contienen grandes cantidades de hierro, potasio y selenio. La fruta seca ayuda a prevenir o reducir la anemia, combate el estreñimiento porque contiene hierro. Se pueden usar como sustituto de azúcar. Los dátiles en Medio Oriente son reconocidos como un poderoso afrodisíaco.

Vegetales

Tubérculos y raíces
Muchos tubérculos como la papa, los nabos y raíces como las zanahorias se recomiendan por lo saludables y por los hidratos de carbono que aportan.

Estos vegetales aportan una buena cantidad de fibra dietética y vitaminas A, B, C y E.

Zanahoria (1, 2, 3, 4)
Ricas en betacaroteno. Reducen el riesgo de contraer cáncer; fortalecen la visión nocturna; ayudan a la piel y mejoran la resistencia de las mucosas.

Papas (2, 4, 5, 6)
Son un alimento de valor nutritivo extraordinario.

Camote (1, 3)
Ayuda a fortalecer la visión nocturna.

Betabel (1, 2, 4, 5, 9)
Ayuda a combatir la anemia y se recomienda a enfermos de leucemia.
Combate la fatiga crónica.

Nabos (1, 6, 7)
Son buenos para combatir la gota, artritis y el cáncer.

Hinojo (2, 8)
Sus hojas son muy aromáticas. Recomiendo que las uses para vinagretas o ensaladas.
Recomendables para problemas digestivos.

Alcachofas (2, 4, 6, 8)
Ricas en potasio, combaten la artritis y el reumatismo.
Ayudan a reducir el colesterol, sus hojas son ricas en fibra y tienen propiedades diuréticas.

Rábanos (1, 2, 7)
Ricos en potasio y azufre.

Buenos para prevenir el cáncer. No se recomiendan a personas con problemas de tiroides.

Vegetales blandos

Aguacates (1, 3, 4, 5, 9)
Son ricos en potasio y en vitamina E. Son buenos para el corazón, la piel y la circulación. Ayudan a suprimir los cambios de humor por síndrome premenstrual en las mujeres. Se dice que el aguacate no se recomienda a personas con sobrepeso, pero el consumo de calorías se compensa por la cantidad de antioxidantes que aporta. El tipo de grasa que contiene es monosaturada.

Pimientos (1, 3, 4)
Ricos en vitaminas C y A.
Buenos para los problemas de la piel y las membranas mucosas. Mejoran la visión nocturna y de colores (daltonismo).

Maíz dulce (elotitos tiernos) (2)
Rico en fibras y proteínas.
Se usa mucho en las dietas vegetarianas, pues aporta energía y fibra.

Cebollas (morada, blanca, cambray y echalote) (4, 6, 7, 8)
Ricas en vitamina C. Buenas para reducir el colesterol y prevenir los coágulos de sangre. Muy útiles para la artritis, bronquitis, asma y problemas respiratorios.

Berros (1, 4, 6, 7, 8)
Ricos en potasio, ayudan a aclarar la voz, reducen la hipertensión, colesterol y previenen el cáncer, la gota y la artritis.

Ajo (1, 2, 3, 4, 5, 7, 8)

Protege contra el cáncer, reduce los niveles de colesterol, la tensión sanguínea y mejora la circulación. Ayuda en casos de tos, bronquitis, catarro, dolor de garganta y asma.

Brócoli (1, 3, 4, 5, 6, 9)

Bueno para combatir el síndrome de fatiga crónica, anemia y estrés. Recomendable para mujeres embarazadas. Previene el cáncer y ayuda a fortalecer el sistema inmunológico.

Coles (1, 2, 3, 5, 7, 9)

Ricas en hierro y vitamina C. Son buenas para las personas con úlceras en el estómago. Buenas para combatir la anemia y el acné. No recomendables para personas con problemas de tiroides.

Espinacas (1, 3, 5, 9)

Ricas en clorofila, buenas para prevenir el cáncer y mejorar la vista. Muy recomendables para mujeres embarazadas.

Pepino

Aunque desde el punto de vista nutritivo no aportan mucho, los pepinos ayudan a tener un buen cutis y son muy refrescantes.

Apio (4, 5, 6, 8, 9)

Bueno para combatir reumas, artritis y gota. Es un alimento tranquilizante (anties-trés). En las semillas encuentras las mejores ventajas medicinales.

Lechugas (5, 7, 9)

Ricas en potasio y ácido fólico. Buenas para combatir el insomnio y la bronquitis.

Berros (1, 2, 4, 7, 8)

Ricos en vitaminas A, C y E.
Son muy recomendables para combatir las infecciones estomacales, intoxicaciones y anemia.
Útiles como protección contra el cáncer.

Tomates rojos (1, 3, 4, 9)

Ricos en vitaminas C, E y potasio.
Buenos como protección contra el cáncer y los problemas de piel.

Aceitunas (1, 3, 4, 5)

Ricas en antioxidantes. Buenas para la piel, corazón y circulación.

Frutas secas y semillas

La mayoría de las frutas secas, excepto el coco y los piñones, contienen ácido linoleico que contrarresta los depósitos de colesterol y se cree que protege contra enfermedades del corazón, diabetes y cáncer.

Almendras (1, 2, 3, 4)

Son ricas en grasas y minerales. De todas las frutas secas son las que más calcio contienen. Muy recomendables para personas sometidas a esfuerzos físicos.

Pepitas de girasol (1, 2, 4)

Ricas en proteínas, minerales y vitamina E. Aparte de que son muy nutritivas son muy ricas en sabor. Te recomiendo las incluyas en tus ensaladas.

Nueces (1, 2, 4)

Ricas en proteínas y grasas no saturadas. Una nuez aporta más del consumo diario recomendado de vitamina E.

Semillas de ajonjolí (1, 2, 4, 9)

Ricas en calcio y vitamina B. Tienen fama de ser afrodisíacas, lo que se puede explicar por su contenido de hierro y vitamina E. Son una fuente excepcional de calcio.

Coco (1, 2, 4)

Rico en fibra. No recomendable para personas con colesterol elevado. Es la fruta que más grasa saturada tiene.

Pistaches (1, 2, 4)

Ricos en vitamina E y potasio. Los salados contienen mucho sodio, son una buena fuente de proteínas.

Piñones

Ricos en vitamina E, potasio y proteínas. Contienen gran cantidad de grasa, son básicos en la cocina mediterránea. Aportan algo de fibra e importantes cantidades de magnesio, hierro, cinc, vitamina E y potasio.

Pepitas de calabaza (1, 2, 4, 9)

Ricas en hierro, fósforo y cinc. A pesar de que 100 grs de pepitas contienen 569 calorías, son muy nutritivas. Contienen menos grasa que el resto de los frutos secos. Muy recomendables para personas que hacen ejercicio porque es una excelente fuente de hierro y potasio. Debido a su alto contenido de cinc son buenas para los hombres ya que este mineral es esencial para la producción de esperma fértil además de ser una sustancia que protege la glándula prostática.

Cacahuates (1, 2, 4)

Ricos en proteínas y vitamina D. Los cacahuates son muy nutritivos tanto crudos como tostados. Los salados no son tan saludables. El cacahuate tiene tantas proteínas que 100 grs. aportan casi la mitad de las necesidades diarias.

Leguminosas

Las leguminosas son semillas que crecen en vaina; cuando están frescas se les considera vegetales (ejotes, chícharo) y una vez que se secan son conocidos como leguminosas.

En la mayoría de los casos las leguminosas son más ricas en proteínas que los granos y son una muy buena fuente de fibra soluble.

Ejotes (2, 3, 4, 8, 9)

Ricos en potasio y fosfato. Buenos para combatir problemas digestivos y para la potencia masculina.

Soya

Rica en proteínas y antioxidantes. Muy útil como protección contra el cáncer, su contenido de antioxidantes protege contra el deterioro de los radicales libres previniendo enfermedades circulatorias y coronarias. Elemento básico en la cocina japonesa. De la soya se desarrollan muchos productos como bebidas, tofú, queso, miso, etcétera.

Tofú (1, 2, 4)

Se elabora a partir de la leche de soya coagulada; se desecha el suero y se comprime hasta formar el tofú.

El tofú es como camaleón pues absorbe los sabores de los ingredientes con los que se cocina.

Leche de soya (1, 2, 4)

Se fabrica mojando, pulverizando, cocinando y filtrando la soya. Es una muy buena opción para las personas alérgicas a los lácteos.

Miso (1, 2, 4)

Es la pasta de soya fermentada. Se produce con soya cocinada mezclada con arroz y cebada o simplemente soya fermentada que se deja fermentar más hasta tomar la textura de una pasta gruesa.

Frijol, garbanzo y alubias (1, 4, 8)

Excelentes fuentes de proteínas, aportan casi la misma cantidad que un filete. Buenas para el corazón, circulación e hipertensión. Son considerados alimentos muy versátiles y saludables. Una muy buena opción para vegetarianos y diabéticos.

Chícharos (2, 5)

Ricos en tiamina y ácido fólico. Buenos para combatir el estrés, la tensión y la digestión.

Granos

Al contrario de lo que la mayoría de la gente pudiera pensar, los granos, panes y pastas son parte fundamental de una dieta saludable, pues son una fuente muy importante de carbohidratos compuestos, que, como ya leíste en un inicio, son los preferidos y más necesitados por el ser humano.

El problema con este grupo de alimentos es el tipo de preparación y las salsas con las que se acompañan (tocino, crema, mantequilla = colesterol y grasas saturadas).

Es importante que consideres que mientras menos refinados sean los granos son más ricos en fibras.

Cebada (10, 2, 4, 5, 8)

Rica en fibra soluble y vitamina B. Es útil contra las enfermedades urinarias y el estreñimiento. Combate inflamaciones de garganta, esófago y aparato digestivo. Ayuda a reducir el colesterol y a proteger contra el cáncer.

Trigo Bulgur (2, 4)

Rico en proteínas, niacina y hierro. Se usa en el plato libanés llamado tabbouleh (tabule).

Trigo sarraceno (4)

Beneficia la buena circulación.

Cuscus (2, 4, 9)

Rico en almidón o niacina. Es uno de los

platos más populares en el Norte de África. Se prepara a partir de la parte interior del grano de trigo y se puede usar en platos dulces y salados.

Maíz (2)
Rico en almidón y potasio.

Avena (4)
Rica en calcio, potasio y magnesio.
Reduce niveles de colesterol en la sangre.

Centeno (3, 5)
Rico en fibra, vitamina C y cinc.

Sémola (2, 3, 4, 9)
Rica en almidón y proteínas. Se produce extrayendo las partículas más gruesas del endoesperma de trigo; se usa mucho en la India y Medio Oriente.

Trigo (2, 5)
Rico en vitamina B y E.

Cebada (2, 5)
Una buena fuente de fibra. Muy conocida porque con ella se elabora la cerveza.

Pastas

Te voy a contar una de las anécdotas de la gastronomía: supuestamente la pasta tiene su origen en Asia y no en Europa (Italia), como se dice. Cuenta esta anécdota que el que llevó la pasta a Europa fue Marco Polo en 1295, pero en fin, dejemos que entre ellos arreglen esta situación. Lo que sí es de llamar la atención es la cantidad de pastas que existen. Desde las tradicionales italianas hechas con semolina, hasta las orientales hechas con harina de arroz.

Arroz

El arroz ha sido durante siglos un elemento fudamental en Oriente, donde se utiliza como la base de una buena nutrición.
Algunas de las principales variedades de arroz son el de grano largo, arborio (italiano se usa para el risotto), integral, basmati (de la cocina india; se usa mucho en ensaladas), arroz de grano corto: japonés (sushi), arroz glutinoso (oriental se usa en postres), arroz tailandés o jazmín.

Ceviche de Pescado

Rendimiento: 4 porciones · Tiempo de preparación: 18 min.

Como todos sabemos el pescado es rico en proteínas, minerales y vitaminas, sobre todo en fósforo, yodo, flúor, cobre, vitamina A, magnesio, hierro, cinc, selenio y vitaminas del grupo B. Además de que la grasa del pescado se compone, en su mayor parte, de ácidos grasos poliinsaturados omega-3, es decir, grasas buenas para la salud. Combinando los nutrientes del pescado con los sabores, colores y texturas de algunos vegetales, obtenemos un platillo muy rico y balanceado.

Salsa
2 chiles serranos sin semillas
1/4 de taza de jugo de limón verde
4 cucharadas de jugo de naranja
1 cucharada de salsa de soya
1 cucharada de aceite de oliva
1 cucharada de tallos de cilantro desinfectados, picados
1/2 cucharadita de sal
Pimienta negra al gusto

Para el ceviche
5 cucharadas de hojas de cilantro picado
3 cucharadas de cebolla morada picada
1 pepino sin semillas en cubos chicos
2 tomates sin semillas en cubos chicos
1 1/2 tazas de pescado blanco de sabor suave en cubos medianos
Ejemplos de pescado blanco: huachinango, robalo, blanco de nilo, trucha

Para preparar la salsa del ceviche:
Tuesta ligeramente los chiles, colócalos en un sartén caliente y muévelos ocasionalmente hasta que se les formen burbujas o tomen un color ligeramente oscuro en la piel. Una vez tostados licúalos con el resto de los ingredientes para la salsa y conserva por separado.

Para preparar el ceviche:
Vacía todos los ingredientes del ceviche en un recipiente y 10 minutos antes de servir agrega la salsa de ceviche que preparaste anteriormente y revuelve.

TIP: Si lo deseas puedes blanquear el pescado. Cocínalo en agua caliente con sal, pimienta y laurel 2 minutos.

```
** E (K/cal) - 138  Pt (g) - 8.52  A.GrSt(g) - 0.21
   Col(mg) - 0  Az(g) - 0.74  Fb(g) - 0.62
```

CEVICHE DE CAMARÓN

Rendimiento: 4 porciones · Tiempo de preparación: 15 min.

Pochar: *Técnica que se usa en la nueva cocina saludable básicamente para cocinar carnes blandas, como pescados y mariscos; a mí me gusta mucho para cocinar frutas.*

Esta técnica consiste en sumergir el alimento en un líquido que está justo por debajo de su punto de ebullición, o sea antes de hervir, esto sucede cuando la superficie del líquido presenta pequeñas burbujas. Te recomiendo que cuando uses esta técnica de cocción le agregues sabor al agua con jugos de frutas, hierbas de olor, vinagres, algún licor o vino, sabores fuertes como en este caso, el jengibre.

1 taza de camarones limpios
2 cucharadas de jengibre picado
1 mango en cubos chicos
1/3 de taza de vinagre de arroz
1/3 de taza de aceite de oliva
1/4 de taza de jugo de limón
Hojuelas de chile seco rojo (cantidad suficiente)
1 tallo de apio en cubos chicos
Sal y pimienta blanca al gusto
Tequila (opcional)

Pocha los camarones en agua con el jengibre por aproximadamente un minuto o hasta que estén ligeramente firmes. Enfríalos para detener la cocción.

Pica el camarón en cubos chicos y mezcla en un tazón con el resto de los ingredientes.

TIPS: Para que se vea aún más original sirve el ceviche de camarón y mango en unos caballitos tequileros.

El jengibre sin pelar lo puedes envolver en papel adherible para refrigerarlo hasta por 3 semanas o puedes congelarlo hasta por 6 meses.

** E (K/cal) - 110 Pt (g) - 4.20 A.GrSt(g) - 1.18
Col(mg) - 28 Az(g) - 0.46 Fb(g) - 1.10

TORRE DE SALMÓN Y ATÚN

Rendimiento: 4 porciones · Tiempo de preparación: 30 min.

Es una entrada ideal, alta en proteínas proporcionadas por el salmón y atún, además las semillas de ajonjolí son ricas en calcio, hierro y vitaminas B y E.

1 1/2 cucharaditas de ajo picado
1 cucharada de echalote o cebolla picada
4 cucharadas de aceite de oliva
1/4 de taza de jugo de limón
2 cucharaditas de eneldo picado
Chile serrano finamente picado (opcional)
1 taza de salmón fresco en cubos chicos
1 cucharada de aceite de ajonjolí
2 cucharadas de ajonjolí negro o blanco

1 taza de atún fresco en cubos
1/2 cucharadita de wasabe en polvo
1 cucharada de agua
2 cucharadas de mayonesa baja en grasa
1 cucharada de cebollín picado
2 aguacates en cubos
2 cucharadas de yogurt natural
1/2 cucharadita de jengibre picado
1 pepino

Para preparar el salmón:
Divide en dos porciones el ajo y el echalote.
Mezcla una mitad de ajo y echalote con el aceite de oliva y la mitad del jugo de limón, agrega el eneldo, el chile serrano y el salmón en cubos y conserva por separado. Vacía el sobrante de ajo y echalote en otro recipiente, añade el aceite de ajonjolí y la otra mitad del jugo de limón, integra y después agrega el atún.
Mezcla el polvo de wasabe en el agua hasta formar una pasta con textura de pomada y revuélvela con el resto de los ingredientes.

Para una mejor presentación:
Toma un aro y colócalo sobre el plato de presentación. Vacía el salmón dentro del aro y oprime ligeramente. Ahora encima pon el atún y oprime nuevamente. Por último agrega la mezcla de aguacate con mayonesa de wasabe. Refrigera 5 minutos y retira el aro.

TIPS: El cebollín lo puedes sustituir con rabos de cebolla cambray. El wasabe está hecho a base de rábano blanco, planta originaria del Japón, es de color verde y sabor picante. Puedes encontrar wasabe en tiendas orientales o en autoservicios en forma de pasta o en polvo.

** E (K/cal) - 172   Pt (g) - 13.77   A.GrSt(g) - 2.05
Col(mg) - 29   Az(g) - 0.24   Fb(g) - 0.58

Camarones con Mayonesa al Curry sobre Piñas a la Plancha

Rendimiento: 4 porciones · Tiempo de preparación: 15 min.

20 camarones medianos
1 cucharadita de aceite
4 rebanadas de piña en almíbar
3 cucharadas de mayonesa al curry (ver receta)

Quítale la cáscara a los camarones, córtalos por el lomo y límpialos con agua, pon a hervir una olla con agua y una vez que llegue a ebullición mete los camarones, déjalos en el agua dos minutos, escúrrelos y mételos al refrigerador tapados.

Agrega el aceite a las piñas por los dos lados y ponlas en la plancha a fuego alto hasta que empiecen a cambiar de color.

Mezcla la mayonesa al curry con los camarones y sírvelos encima de las piñas, puedes decorar con cubitos de jitomate.

** E (K/cal) - 109 Pt (g) - 7 A.GrSt(g) - 0.1
Col(mg) - 44 Az(g) - 0.15 Fb(g) – 0.6

Rollos Primavera Estilo Vietnamita

Rendimiento: 4 porciones · Tiempo de preparación: 25 min.

40 g de pasta de arroz vermicelli
60 g de camarones limpios (6 pzas.)
40 g de zanahoria en juliana
1 cucharadita sal
28 g de lechuga en juliana
1 cucharada de jugo de limón
1 cucharadita de azúcar
8 hojas de arroz
8 tallos de cilantro lavados y desinfectados

Pon a calentar un litro de agua y una vez que llegue a ebullición, vacía la pasta, retírala con un colador, pásala por agua fría y conserva la pasta en un tazón por separado.

En la misma olla que cociste la pasta pon a cocer los camarones, se tardan 2 minutos aproximadamente, una vez cocidos córtalos a la mitad pero a lo largo.

En otro tazón vacía la zanahoria y espolvoréala con la mitad de la sal, esto hará que suelten el exceso de líquido, escurre la zanahoria y mézclala con la pasta, lechuga, jugo de limón, azúcar y el resto de la sal.

Por último, deja entibiar el agua en la que se coció el camarón y la pasta, una vez que esté tibia mete las hojas de arroz y colócalas en una superficie plana con un trapo húmedo, toma el relleno y colócalo en uno de los extremos de las hojas de arroz como si hicieras un taco. Enrolla las hojas de arroz, dobla los extremos laterales, agrega el cilantro termina de enrollar y refrigera, tapado, hasta antes de servir.

TIP: Puedes sustituir los camarones con carne de res o pollo.

E (kcal) - 136	Pt (g) - 5	A.GrSt - 0.1
Col (mg) - 15	Az (g) - 0.0	Fb (g) - 0.9

Triángulos de Jícama con Frutas

Rendimiento: 20 porciones · Tiempo de preparación: 10 min.

1 jícama
3 cucharadas de jugo de limón
2 cucharadas de almíbar
4 duraznos en almíbar
3 rebanadas de piña en almíbar
2 jitomates
1/4 de cucharadita de sal
Hojas de menta

Corta las jícamas en triángulo y ponlas en un recipiente con agua y una cucharada de jugo de limón.

En un tazón mezcla el resto del jugo de limón con el almíbar de los duraznos, pica finamente las frutas, el jitomate y agrégalos al tazón, espolvorea la sal y refrigera por 5 minutos.

Sirve la mezcla de frutas encima de los triángulos de jícama y decora con una hoja de menta.

```
** E (K/cal) - 26   Pt (g) - 7   A.GrSt(g) - 0
   Col(mg) - 0   Az(g) - 4   Fb(g) - 0.4
```

TOSTADAS DE SALMÓN AHUMADO

Rendimiento: 4 porciones · Tiempo de preparación: 10 min.

2 cucharadas de cebolla picada
1/2 cucharadita de ajo picado
4 cucharadas de apio picado
3 cucharadas de jugo de limón
2 cucharadas de aceite de oliva
1/2 taza de salmón ahumado en cubos
1/4 de taza de jitomate en cubos, sin semilla
2 tortillas de harina o láminas de wonton

Vacía en un tazón la cebolla, ajo y apio, agrega el jugo de limón y revuelve, ahora poco a poco añade el aceite de oliva mientras lo mezclas con el batidor globo hasta integrar.

Agrega en el tazón el salmón ahumado y el jitomate, revuelve con una cuchara y mete al refrigerador tapado 5 minutos.

Pon en un comal sin grasa y a fuego bajo las tortillas de harina o las láminas de wonton, cámbialas de lado hasta que estén crujientes pero sin que se quemen.

Sirve el salmón sobre las tostadas de tortilla o láminas.

Láminas de wonton: Masa de harina y agua que se usa mucho en la cocina oriental. Puedes encontrarla en tiendas de comida oriental.

** E (K/cal) - 132	Pt (g) - 6	A.GrSt(g) - 0.7
Col(mg) - 7	Az(g) - 0	Fb(g) – 0.6

HUARACHES DE NOPALES

Rendimiento: 4 porciones · Tiempo de preparación: 18 min.

2 cucharaditas aceite
1/4 de cucharadita de sal
4 nopales
1/2 taza de frijoles refritos
1/2 taza de queso panela rallado
3 cucharadas de cebolla morada picada
3 cucharadas de cilantro lavado y desinfectado
4 cucharadas de salsa verde cruda

Pon el aceite en un sartén, espolvorea con sal los nopales por ambos lados y ponlos en el sartén a fuego medio hasta que se cocinen.
Cubre un lado de cada nopal con los frijoles refritos (calientes), espolvorea con el queso panela, cebolla y cilantro, para terminar agrega la salsa verde.

** E (K/cal) - 169	Pt (g) - 11	A.GrSt(g) - 4
Col(mg) - 32	Az(g) - 0	Fb(g) - 7

CHILES ANCHOS RELLENOS DE FRUTAS TROPICALES

Rendimiento: 4 porciones · Tiempo de preparación: 12 min.

4 chiles anchos hidratados en agua
4 rebanadas de piña en almíbar
1 manzana en cubos
3 duraznos en almíbar
1/2 taza de crema
1 cucharada de miel de abeja
3 cucharadas de nuez picada

Corta por un lado los chiles y quítales las semillas, corta en cubos chicos las frutas.
Vacía en un tazón la crema, miel de abeja y nuez picada y revuelve hasta integrar; ahora agrega las frutas al tazón y rellena los chiles con esta mezcla, enfríalos y sirve.

** E (K/cal) - 252	Pt (g) - 11	A.GrSt(g) - 0.4
Col(mg) - 0	Az(g) - 18	Fb(g) - 11

Lancetas de Pollo al Axiote

Rendimiento: 4 porciones · Tiempo de preparación: 25 min.

El axiote o bija, como se le conoce en España, proviene del annato que es el fruto de un árbol originario de Latinoamérica y las Antillas. Actualmente se utiliza como colorante natural para la margarina, la mantequilla, el queso y los caramelos.

1/2 barra de pasta de axiote
1/2 taza de jugo de naranja
1/4 de taza de vinagre blanco
2 dientes de ajo
1/2 cucharadita de tomillo seco
20 fajitas de pollo
1/4 de cucharadita de sal y pimienta blanca
20 lancetas de madera
1/2 piña natural

Licúa la pasta de axiote con el jugo de naranja, el vinagre blanco y el ajo. Ensarta las fajitas en las lancetas de madera previamente mojadas.

Cúbrelas con la mezcla de axiote y agrega la sal y la pimienta blanca. Espolvorea con tomillo las fajitas de pollo y cocina en la parrilla.

TIP. Para evitar que tus lancetas de madera se quemen, colócalas en agua durante una hora antes de utilizarlas y con la humedad que han absorbido no se te quemarán.

** E (K/cal) - 112	Pt (g) - 6.79	A.GrSt(g) - 1.27
Col(mg) - 22	Az(g) - 5.42	Fb(g) - 1.61

Brochetas con Salsa de Cacahuate

Rendimiento: 4 porciones · Tiempo de preparación: 1 hora

Ésta es una deliciosa receta muy popular en Indonesia, se le conoce como Saté o Satay.
A la salsa hoisin también se le conoce como salsa Pekín, tiene una textura pesada y se hace de germen de soya, ajo, chiles y especias. Se usa mucho en Oriente para marinar carnes rojas, aves y productos del mar. El aceite de cacahuate tiene un sabor ligeramente fuerte y está compuesto en su mayor parte por ácidos grasos monoinstarudos, lo cual es un beneficio para nuestra salud.

Brochetas:	Salsa de cacahuate:
20 (10 g c/u) fajitas de res o pollo	2 dientes de ajo
4 cucharadas de echalote o cebolla	1 taza de cacahuate pelado
3 cucharadas de jengibre	1/2 taza de aceite de cacahuate
2 cucharadas de cúrcuma	1/4 de taza de azúcar
Sal al gusto	1/2 taza de salsa hoisin
Pimienta negra al gusto	1/4 de taza de pasta de tamarindo
1 cucharadita de azúcar mascabado	o jarabe de tamarindo
2 cucharadas de aceite de ajonjolí	1/4 de taza de agua

Para preparar las brochetas:
Licúa todos los ingredientes menos la carne y marina ésta con la mezcla anterior de 40 minutos a una hora.

Para preparar la salsa de cacahuate:
Saltea el ajo sin coloración. Tuesta ligeramente el cacahuate. Mezcla el ajo y el cacahuate, agrega la salsa hoisin, el azúcar y la pasta de tamarindo, después el agua y licúa mientras añades el resto del aceite de cacahuate.

Para armar el platillo:
Ensarta la carne en lancetas de madera y parrilla las lancetas o mételas al horno sobre una rejilla.

Presentación:
Monta un plato con las lancetas, báñalas con la salsa de cacahuate.

TIP: La cúrcuma es de la familia del jengibre, es de sabor, olor y color intenso. Es un ingrediente básico en la elaboración del curry, así como para darle color a la mostaza americana. La puedes conseguir en polvo, sin embargo, te la recomiendo fresca.

```
** E (K/cal) - 371  Pt (g) - 9.35   A.GrSt(g)
Col(mg) - 25  Az(g) - 6.42   Fb(g) - 1.21
```

TAQUITOS DE REQUESÓN

Rendimiento: 4 porciones · Tiempo de preparación: 18 min.

El requesón es un tipo de queso no madurado elaborado generalmente del suero de la leche. Contiene un bajo contenido de grasa. El queso de cabra fresco tiene un sabor ligeramente fuerte. Ambos contienen mucha humedad por lo que te recomiendo comprarlos en establecimientos de rotación rápida para asegurar su frescura.

1/2 taza de requesón o queso de cabra
1/4 de taza de leche descremada
3 cucharadas de cebolla picada
3 cucharadas de cilantro picado
1 cucharadita de chile serrano picado
6 tortillas de harina integral
Aceite para freír o sólo para barnizar
Sal y pimienta blanca al gusto

** E (K/cal) - 175	Pt (g) - 7.73	A.GrSt(g) - 1.21
Col(mg) - 7	Az(g) - 0.54	Fb(g) - 0.22

Vacía en un tazón el requesón, la leche, la cebolla, el cilantro y el chile. Mezcla perfectamente y rectifica el sabor si es necesario con sal y pimienta blanca.

Extiende las tortillas y coloca en el extremo de cada una de ellas una porción de la mezcla de queso, enrolla apretando la tortilla como al hacer sushi. Al terminar de enrollar corta los extremos laterales de las tortillas y después corta a la mitad los rollos, ensarta dos piezas por palillo y barniza con el aceite. Métetelos al horno a temperatura alta (220°C) 430°F sobre una rejilla o fríelos en aceite caliente.

Tortitas de Surimi de Cangrejo con Pico de Gallo y Soya

Rendimiento: 4 porciones · Tiempo de preparación: 18 min.

1 cucharada de salsa inglesa
3 cucharadas de jugo de limón
1/4 de cucharadita de chile piquín
1/8 de cucharadita de sal
3 claras de huevo
8 barras de surimi de cangrejo desmenuzadas
1/4 de cebolla en juliana
2 cucharadas de cilantro picado y desinfectado
1 cucharadita de aceite
Pico de gallo y soya (ver receta)

Vacía en un tazón la salsa inglesa, el jugo de limón, chile piquín y sal, mézclalos entre sí y agrega las claras de huevo, mezcla con un batidor globo y una vez que se hayan integrado tírale el surimi de cangrejo, la cebolla y cilantro.

Mezcla con una cuchara, ahora separa en 4 porciones con la mano y escurre el exceso de líquido de cada una de las tortitas, para después ponerlas en un sartén, previamente engrasado con aceite, voltea las tortitas de lado una sola vez.

En un tazón incorpora todos los ingredientes del pico de gallo y reserva.

Retira del fuego, puedes servirlas frías o calientes.

Pico de gallo: Salsa a base de frutas o vegetales. Cada región de México tiene su propia versión.

```
** E (K/cal) - 268   Pt (g) - 40   A.GrSt(g) - 0.0
   Col(mg) - 69   Az(g) - 0.0   Fb(g) - 0.2
```

Pepito de Pollo al Pesto de Albahaca

Rendimiento: 8 porciones · Tiempo de preparación: 15 minutos

Para el pesto
2 dientes de ajo
4 cucharadas de nueces picadas
3 cucharadas de queso parmesano
2/3 de taza de albahaca lavada y desinfectada
1/2 taza de aceite de oliva
Un toque de pimienta

Para el pepito
1/2 pechuga de pollo deshuesada y aplanada
1 pan rústico (en forma de bola) de aprox. 250g
4 rebanadas de queso manchego
Un toque de sal y pimienta
1 manzana en rodajas
1 taza de arúgula baby lavada y desinfectada
1/2 taza de tomates (jitomates) cherry en mitades

Para el pesto, mezcla todos los ingredientes en tu licuadora y marina la pechuga.
Calienta un sartén y asa la pechuga por ambos lados.
Corta rebanadas de pan y tuesta en un comal. Reserva.
Mezcla el resto de los ingredientes y corta en triángulos la pechuga; mezcla la lechuga, forma los pepitos, corta a la mitad y sirve.

** E (K/cal) - 248	Pt (g) - 11	A.GrSt(g) - 16
Col(mg) - 58	Az(g) - 16	Fb(g) - 1

Zanahorias Baby Salteadas

Rendimiento: 8 porciones · Tiempo de preparación: 10 minutos

2 cucharadas de aceite de canola
1 taza de zanahorias baby
1 cucharada de ajonjolí
1 chile de árbol seco y picado
1 cucharada de jugo de limón
Un toque de sal y pimienta

Para el aderezo
1 cucharada de aceite de oliva
2 cucharadas de cebolla morada picada
1 cucharada de cebollín picado
1 taza de queso crema
1 cucharadita de mostaza de Dijon
Un toque de pimienta

Calienta el aceite en un sartén y saltea las zanahorias con el ajonjolí y el chile. Cuando estén casi por salir, agrega el jugo de limón, sal y pimienta.
Mezcla todos los ingredientes del aderezo hasta que estén bien integrados y sirve acompañado de las zanahorias salteadas.

** E (K/cal) - 154 Pt (g) - 2 A.GrSt(g) - 15
Col(mg) - 30 Az(g) - 3 Fb(g) - 0

Tacos Campechanos con Bistec de Res, Chorizo de Pavo (o Cerdo) y Chicharrón

Rendimiento: 4 porciones · Tiempo de preparación: 15 min.

Ésta es una belleza de receta, cien por ciento de antojo y se sirve acompañada de una salsa verde cruda. El chicharrón (grasa y piel del lomo de puerco, fritas hasta que queden secas y crujientes) es una excelente manera de agregar una capa más de sabor y textura a un platillo.

1 taza de chorizo desmenuzado (210 g)
2 cucharadas de aceite de oliva
1 cucharadita de orégano
1 cucharadita de ajo en polvo
Sal y pimienta al gusto
4 bisteces de res (120 g c/u)
Chicharrón de cerdo crujiente al gusto
8 tortillas de maíz

Cocina el chorizo en un sartén hasta que cambie ligeramente de color. Mientras tanto, mezcla el aceite de oliva con orégano y ajo en polvo, barniza los bisteces de res con la mezcla y espolvoréalos con sal y pimienta. Una vez cocinado el chorizo, retíralo del sartén y pícalo finamente. En ese mismo sartén cocina la carne de res y después pícala finamente. Haz los tacos de la forma tradicional con las tortillas y agrégales chicharrón picado.

** E (K/cal) - 593.1   Pt (g) - 54.6   A.GrSt(g) - 8.5
Col(mg) - 127   Az(g) - 0.0   Fb(g) - 0.9

Tacos de Pescado o Pollo al Pastor Acompañados de Piña a la Parrilla

Rendimiento: 4 porciones · Tiempo de preparación: 15 min.

La receta tradicional de los tacos al pastor, sólo que mejorada y hecha con pollo o pescado.
Para lograr las marcas perfectas del asador, asegúrate de cepillarlo bien para que quede muy limpio.
Rocía levemente los trozos de piña con aceite en aerosol para evitar que se peguen y cocina cada lado a fuego medio durante 5 minutos.

1/2 taza de jugo de naranja
1 chile guajillo sin semillas y sin rabo
1/4 de cebolla blanca
1 cucharadita de aceite
1/2 barra de pasta de axiote
1 cucharada de vinagre de arroz o manzana
1 chile de árbol seco sin semillas y sin rabo
1 diente de ajo
2 medias pechugas de pollo
o 2 filetes de pescado (huachinango, mero, dorado, etc.)
8 tortillas de maíz

Mete en la licuadora la pasta de axiote, el jugo de naranja, vinagre, chile guajillo y de árbol, la cebolla y el ajo. Licúa todos estos ingredientes hasta formar una salsa uniforme. Vacía en un tazón los filetes de pescado o pechugas de pollo y cúbrelos con la salsa de axiote. Barniza un sartén con aceite y precaliéntalo, cocina el pescado o pollo y córtalo en tiras. Calienta las tortillas y haz los tacos.

** E (K/cal) - 548.8   Pt (g) - 50.7   A.GrSt(g) - 8.1
Col(mg) - 90.8   Az(g) - 6.2   Fb(g) – 3

QUESADILLAS DE CAMARONES ADOBADOS

Rendimiento: 4 porciones · Tiempo de preparación: 15 min.

1/2 cebolla blanca mediana
1/2 taza de puré de tomate
1/4 de taza de vinagre
Sal y pimienta al gusto
12 camarones medianos limpios
8 rebanadas de aguacate
2 chiles guajillos sin semillas y sin rabos
2 dientes de ajo
1/4 de cucharadita de orégano
1 cucharada de miel de abeja
1 cucharada de aceite de oliva
1/2 taza de queso manchego rallado
1 cucharada de ajonjolí
1 cucharadita de cilantro desinfectado y picado
8 tortillas de harina

Desvena los camarones con un cuchillo pequeño: haz un corte poco profundo a lo largo del lomo de los camarones para dejar la vena al descubierto. Sácala con el cuchillo, un palillo de dientes o con los dedos.

Asa los chiles, la cebolla y el ajo en un sartén hasta que cambien ligeramente de color. Agrega el puré de tomate, orégano, vinagre y la miel de abeja, cocina hasta que cambie de color. Ponlo en la licuadora y licúa perfectamente (puedes colar la salsa si la quieres más tersa). Espolvorea los camarones con sal y pimienta. Precalienta ligeramente el aceite en una sartén y cocina la cebolla y los camarones. Cuando estén casi cocinados, baja el fuego y agrega el adobo y el queso; deja que se funda el queso, agrega ajonjolí y cilantro para después servir sobre las tortillas pre-calentadas en el comal. Agrega el aguacate y dobla las tortillas para hacer estas deliciosas quesadillas.

** E (K/cal) - 512.2   Pt (g) - 30.6   A.GrSt(g) - 9.9
Col(mg) - 125.4   Az(g) - 2.8   Fb(g) – 2.6

Tacos Orientales de Pollo

Rendimiento: 4 porciones · Tiempo de preparación: 20 min.

Este es un platillo que en lo personal me fascina, es muy fácil de hacer y además muy saludable.
En lugar de usar tortilla para el taco, en esta ocasión se usa lechuga.

2 cucharadas de aceite
4 pechugas de pollo deshuesadas
1/2 taza de apio en cubos chicos
1/2 taza de zanahoria en cubos chicos
2 chiles de árbol secos sin semillas
2 cucharadas de echalote picado
1 cucharada de jengibre picado
1/2 taza de jícama en cubos chicos
3 cucharadas de salsa de soya
1/4 de taza de jugo de naranja
3 cucharadas de jugo de limón
1/4 de taza de cacahuate limpio
1 lechuga orejona o romana

Corta el pollo en cubos chicos y conserva en refrigeración.

En un poco de aceite saltea el jengibre y el echalote, después el pollo y las verduras picadas. Deja en el fuego moviendo constantemente hasta que se cueza el pollo. Agrega el jugo de limón, el jugo de naranja, la salsa de soya y el chile seco. Baja el fuego a medio y deja reducir los líquidos por un par de minutos más. Agrega los cacahuates, mezcla todos los ingredientes y sirve sobre hojas de lechuga previamente lavadas, desinfectadas y secas.

```
** E (K/cal) - 96   Pt (g) - 13.48   A.GrSt(g) - 0.48
   Col(mg) - 30   Az(g) - 0.68   Fb(g) - 0.92
```

SUSHI

Sushi es un platillo de origen japonés, que se hace con arroz al vapor mezclado con vinagre de arroz dulce. A esta mezcla de arroz al vapor con vinagre de arroz dulce se le llama "sushi meshi" y es la base para hacer sushi de diferentes sabores.

Una de las variedades de sushi es el nigiri sushi, el cual consiste en rebanadas delgadas de pescado crudo sazonado con wasabi y envuelto en el arroz "sushi meshi". Se puede adornar con ajonjolí o con una tira de alga nori alrededor. Otra variedad es el hosomaki, que consiste en rollos de sushi delgados. También está el futomaki sushi, que son rollos de sushi gruesos. Para hacer estos rollos se utilizan variedad de vegetales picados, pescado crudo, tofú, etc., que son envueltos dentro del arroz "sushi meshi" y éste a la vez envuelto en hoja de un alga llamada nori. Luego los rollos son rebanados y servidos como una entrada, botana o plato fuerte.

TIP: Para conservar el sushi en refrigeración debes envolver y sellar muy bien los rollos no rebanados en papel plástico, éstos a su vez colócalos en un recipiente con una manta húmeda (lo cual evitará que se reseque el alga y que el arroz se ponga duro). Cierra el recipiente para que no absorba otros olores y rebánalo cuando lo vayas a consumir.

Sushi en Rollo de Atún Fresco Envuelto en Mango

Rendimiento: 26 rollos · Tiempo de preparación: 55 min.

Arroz para sushi:
1/4 taza de vinagre blanco o de arroz
1 1/2 tazas de azúcar
1 cucharadita de sal
2 tazas de arroz de grano corto
2 1/4 de tazas agua

Chiles toreados:
1 cucharada de aceite de oliva
4 chiles serranos en juliana
2 limones (el jugo)
2 cucharadas de salsa de soya

Para armar el rollo de sushi:
2 tazas de arroz para sushi cocido
200 g de atún fresco en cortes pequeños
Jengibre en salmuera al gusto
Rabos de cebolla cambray al gusto
Chiles toreados al gusto
15 láminas de mango fresco (delgadas)
Ajonjolí al gusto

Para preparar el arroz para sushi:

Mezcla el vinagre, el azúcar y la sal en una olla a fuego medio hasta que el azúcar se disuelva. Retira del fuego y deja enfriar.

Enjuaga el arroz, hasta que el agua salga limpia, deja escurrir y colócalo en una olla.

Agrega el agua, tapa la olla y prende el fuego a temperatura media, el agua no debe hervir.

Retira del fuego y vacíalo en una charola o recipiente, déjalo enfriar. Una vez frío añade la mezcla del vinagre y mueve con una pala de madera evitando romper el arroz, cubre con una toalla húmeda.

Para preparar los chiles toreados:

Saltea en el aceite de oliva los chiles serranos un par de minutos, agrega el jugo de limón y la salsa de soya y deja que reduzca a la mitad.

Para preparar el rollo de sushi:

Extiende el arroz sobre un tapete para hacer sushi cubierto con una bolsa de plástico, sobre uno de los extremos coloca el atún, los chiles toreados, el jengibre y los rabos de cebolla cambray, enrolla y coloca sobre el tapete las láminas de mango, coloca en un extremo el rollo y enrolla ahora sobre el mango y corta para servir.

** E (K/cal) - 197 Pt (g) - 2.16 A.GrSt(g) - 0.16
Col(mg) - 0   Az(g) - 21.18   Fb(g) - 0.60

TORRE DE CALABAZA Y QUESO A LAS HIERBAS

Rendimiento: 4 porciones · Tiempo de preparación: 20 minutos

Para la marinada
3 cucharadas de aceite de oliva
1 diente de ajo
3 cucharadas de cebolla morada picada
1 rama de romero
1 rama de mejorana
Un toque de sal y pimienta

Para la torre
3 calabazas redondas
1 pieza de queso panela (400g)
1 tomate (jitomate) bola

En un tazón mezcla los ingredientes de la marinada, corta rebanadas de calabaza, queso panela y tomate; marina unos minutos. Calienta un sartén y dora por ambos lados. Retira.
Sirve en un plato formando una torre e intercalando las rebanadas y decora con romero.

** E (K/cal) - 399	Pt (g) - 25	A.GrSt(g) - 29
Col(mg) - 58	Az(g) - 10	Fb(g) - 2

Hot Dogs de Salchicha de Pavo Estilo Oropeza

Rendimiento: 4 porciones · Tiempo de preparación: 25 min.

Las salchichas de pavo contienen menos contenido graso que las típicas de cerdo, en cuanto al contenido proteico varían según la cantidad de otros ingredientes añadidos como proteínas no cárnicas (principalmente soya). Por eso te recomiendo al momento de comprar que verifiques en la etiqueta los ingredientes utilizados para su elaboración.

2 cucharadas de aceite
1/2 taza de cebolla morada fileteada
1/4 de taza de chile serrano en juliana
6 rebanadas de tocino de pavo, picado
4 cucharadas de salsa inglesa
2 cucharadas de salsa de soya baja en sodio
2 cucharadas de jugo de limón
6 rebanadas de queso amarillo
4 salchichas de pavo
2 tomates en cubos chicos
Mayonesa de cilantro al gusto (ver receta)
Mostaza al gusto
Catsup al gusto
4 panes para hot dog (de preferencia integrales)

Calienta el aceite en un sartén mediano y fríe la cebolla y los chiles serranos, agrega el tocino, cuando comience a cambiar de color, añade la salsa de soya, jugo de limón y la salsa inglesa, dejando que se reduzcan a la mitad. Para vaciar el queso amarillo, baja el fuego y tapa el sartén, dejando que el queso se funda.

Calienta una parrilla para asar las salchichas de pavo. Calienta el pan y rellena con la salchicha, la mezcla de queso y el resto de ingredientes.

** E (K/cal) - 398   Pt (g) - 17.6   A.GrSt(g) - 6.6
Col(mg) - 66   Az(g) - 4.1   Fb(g) - 1.8

Masa para Pizza

Rendimiento: 4 porciones · Tiempo de preparación: 1 hora 10 min.

1/2 cucharada de miel	280 g de harina de trigo
5 g de levadura seca	1/2 cucharadita de sal
1 taza de agua tibia	40 g de harina de maíz

Vacía la miel en un recipiente, disuelve la levadura en 1/4 taza de agua tibia, agrégala a la miel y la mitad de la harina, bate estos ingredientes hasta formar una masa ligera. Envuelve la masa con papel adherible o con un trapo húmedo, coloca la masa a temperatura tibia y déjala reposar media hora.

Después de la media hora coloca la masa en un tazón para batir y agrégale el resto de la harina de trigo, el agua y la sal; si usas batidora usa el gancho, si no mezcla con las manos hasta integrar perfectamente los ingredientes y que la masa se despegue completamente de las paredes del tazón y que tenga una textura elástica.

Cubre la masa nuevamente con una toalla húmeda, o envuélvela y déjala reposar media hora o hasta que doble su tamaño.

Una vez que la masa dobló su tamaño divide la masa en cuatro partes iguales y como si fuera plastilina haz bolitas de masa, ahora deja reposar cada una de las bolitas de masa 30 minutos más y cúbrelas con el trapo húmedo.

Aplana cada una de las bolitas de masa por separado hasta que tomen una forma circular y tengan 1 cm de grosor aproximadamente o a tu gusto.

Espolvorea cada una de las pizzas con la harina de maíz, dale el sabor que más te guste y mete al horno a 260° C por 10 minutos o hasta que la pasta tome un color doradito claro.

> ** E (K/cal) - 310   Pt (g) - 8   A.GrSt(g) - 0.2
> Col(mg) - 0.0   Az(g) - 0.0   Fb(g) - 0.3

Pizza Mexicana

Rendimiento: 4 porciones · Tiempo de preparación: 25 min.

1 cucharadita de aceite	1 taza de jitomate sin semillas en cubos
1 cucharadita de ajo picado	1/4 de cucharadita de sal
1 taza de cebolla morada fileteada	4 bases para pizza
2 chiles poblanos escalfados y en juliana	1/2 taza de queso panela en cubos
1 lata de granos de elote amarillo	4 cucharadas de puré de tomate

Pon aceite en un sartén, agrega el ajo, la cebolla y mueve hasta que estén transparentes, añade después el chile poblano y los granos de elote, continúa moviendo por 2 minutos, agrega al sartén el jitomate y sal, retira del fuego y conserva por separado.

Ahora sobre cada una de las bases para pizza extiende una cucharada de puré de tomate, divide en cuatro la mezcla anterior y sirve cada una de las porciones en las bases para pizza, divide y sirve el queso panela y mete al horno a 150°C 10 minutos aproximadamente o hasta que la pasta tome el término deseado.

> ** E (K/cal) - 478   Pt (g) - 18   A.GrSt(g) - 4
> Col(mg) - 32   Az(g) - 3   Fb(g) - 2

Pizza Mixta

En esta pizza te recomiendo hacer una salsa de tomate especial, yo la hago con albahaca, nueces y chile chipotle, estoy seguro que te encantará.

Rendimiento: 4 porciones · Tiempo de preparación: 25 min.

Salsa:
3 cucharadas de aceite
5 jitomates sin semillas, picados
1 cucharadita de ajo picado
1 cucharadita de adobo de chile chipotle
1/4 de taza de nuez tostada
2 cucharadas de queso parmesano rallado
1/2 taza de espinacas desinfectadas
4 rebanadas de jamón serrano (70 g)
4 cucharadas de queso de cabra desmoronado
1 cucharada de aceite de oliva
1 pera

Complementó:
2 piezas pan árabe (pita bread)

Para preparar la salsa:
Saltea en un sartén con aceite el jitomate y ajo, agrega el adobo de chile chipotle y la nuez tostada, ahora pon esta mezcla en la licuadora y vacía el queso parmesano, licúa hasta integrar y cubre la superficie del pan árabe con la salsa.

Para las peras:
Barnízalas con el aceite de oliva y pónlas en una parrilla o sartén a fuego alto hasta que cambien ligeramente de color.

** E (K/cal) - 173   Pt (g) - 5.16   A.GrSt(g) - 2.82
Col(mg) - 8   Az(g) - 3.12   Fb(g) - 2.26

Para armar la pizza:
Calienta el pan árabe sobre el comal, cubre con un par de
cucharadas de la salsa y coloca encima el resto de los ingredientes.

TIPS: Procura comprar espinaca fresca, con hojas tiernas y suaves
de color verde oscuro.
Evita comprarlas si las hojas no tienen brillo o están amarillentas o
poco consistentes.

Lava muy bien las espinacas para eliminar la tierra que tienen.

La espinaca cruda es una fuente excelente de ácido fólico, vitamina
A, potasio y magnesio. El jamón y queso son fuente de proteínas.

Pizza de Arrachera

Creo que la pizza es uno de los platillos que a la mayoría de la gente les encanta, aquí te doy una receta muy fácil para hacer pizzas caseras sobre pan árabe.

Rendimiento: 4 porciones · Tiempo de preparación: 25 min.

2 arracheras en fajitas (tiras delgadas)
2 cucharadas de aceite de oliva
2 cucharadas de ajo picado
4 cucharadas de cebolla picada
8 jitomates en cubos pequeños
1 pizca de orégano seco

1 cebolla en juliana
5 chiles serranos en juliana
2 cucharadas de salsa inglesa
3 limones verdes
Sal al gusto
4 panes árabes integrales (medianos)

Cebollas y chiles toreados:
1 cucharada de aceite de oliva
1 cebolla morada en juliana

Complemento:
1 taza de queso panela rallado
1 taza de queso parmesano rallado

Para preparar la carne:
En una parrilla o sartén cocina las fajitas hasta un término medio. Retira y conserva por separado. Saltea el ajo y la cebolla sin que se doren, agrega el jitomate y deja en el fuego hasta que se suavice. Por último sazona con orégano.

Para preparar las cebollas y chiles toreados:
Presiona y gira los chiles bajo la palma de la mano. Calienta el aceite en un sartén mediano y saltea las cebollas y el chile sin dejar que cambien de color, agrega la salsa inglesa y el jugo de los limones, baja a medio el fuego de tu estufa Whirlpool y deja que los líquidos se reduzcan a la mitad. Rectifica el sabor con sal y conserva por separado.

Para armar tus pizzas:
Calienta el pan sobre un comal o sartén. Cubre con la salsa de tomate, coloca encima la carne, las cebollas y chiles toreados. Después esparce los quesos panela y parmesano rallados, deja a fuego bajo hasta calentar. O puedes meter al horno a 160°C 5 minutos.

TIPS: El pan pita es originario de Medio Oriente, este pan forma una especie de bolsillo al calentarse, que puede rellenarse. El de trigo integral contiene una cantidad de fibra tres veces superior al de harina blanca.
Como tú sabes la carne de res es fuente de proteínas, vitaminas del grupo B y minerales. El tomate, cebolla y ajo, además de darle un aroma y sabor sensacional, tienen vitaminas como la C, E y potasio. El conjunto de pan pita, carne y los quesos panela y parmesano proporciona un mayor contenido de proteínas.
A la arrachera también se le conoce como vacío o en inglés como *skirt steak*.

** E (K/cal) - 138   Pt (g) - 8.79   A.GrSt(g) - 1.93
Col(mg) - 11   Az(g) - 1.70   Fb(g) - 1.88

PASTA CON ATÚN

Rendimiento: 4 porciones · Tiempo de preparación: 20 min.

2 cucharadas de aceite de oliva
5 cucharadas de cebolla picada
1 cucharada de ajo picado
1/2 taza de jitomate en cubos sin semillas
2 latas de atún en agua
3 tazas de pasta espagueti o fetuccini
1/2 taza de queso panela rallado
4 cucharadas de almendras tostadas
2 cucharadas de albahaca picada (opcional)

Saltea en un sartén con aceite de oliva la cebolla y ajo picados hasta que estén transparentes, agrega el jitomate y deja en el fuego hasta que se suavice, pon el atún en el sartén y revuelve, baja el fuego a medio y deja un par de minutos.

Cocina la pasta en agua como normalmente lo haces, una vez cocinada al dente retira del agua, vacía en un recipiente, sirve encima de la pasta la mezcla de atún, espolvorea con el queso panela rallado, las almendras tostadas y un poco de albahaca picada.

** E (K/cal) - 228	Pt (g) - 23	A.GrSt(g) - 0.3
Col(mg) - 46	Az(g) - 0.0	Fb(g) - 2

Espagueti al Horno

Rendimiento: 8 porciones · Tiempo de preparación: 30 minutos

Agua, la necesaria
Un toque de sal
400g de espagueti
2 cucharadas de aceite de oliva
2 dientes de ajo picados
1/2 cebolla en julianas
3 rebanadas de tocino picadas
3 tazas de espinaca baby lavada, desinfectada y en julianas
1 taza de crema
1 rama de tomillo
Un toque de pimienta
1 taza de queso manchego rallado

Precalienta tu horno a 180 °C.
Calienta el agua en una olla con un toque de sal y cocina la pasta casi al dente, escurre, pon en un tazón con agua fría y reserva.
En un sartén calienta aceite con ajo, cebolla y tocino, dora ligeramente, retira del fuego, mezcla con la pasta, espinacas, crema, tomillo, sal y pimienta, pasa a un refractario cuadrado y tírale el queso manchego; mete a tu horno hasta gratinar el queso. Sirve de inmediato.

** E (K/cal) - 356   Pt (g) - 12   A.GrSt(g) - 17
Col(mg) - 79   Az(g) - 41   Fb(g) – 1

Hamburguesa Vegetariana

Rendimiento: 4 porciones · Tiempo de preparación: 20 min.

1/4 de taza de pesto de albahaca	1 taza de hojas de espinaca
4 hongos portobello	1/4 de taza de mayonesa al pesto (ver receta)
1 calabaza	1/2 taza de germinado de alfalfa
1 pimiento amarillo	4 panes para hamburguesa
1 cebolla morada	4 rebanadas de queso amarillo
1 zanahoria (láminas)	

Barniza todos los vegetales con el pesto. Mete al horno (o en un sartén) los vegetales (todos menos la espinaca y el germen de alfalfa) 8 minutos a 180°C, volteándolos de lado para evitar que se quemen.

Cubre ambos panes con la mayonesa al pesto. Acomoda el portobello y los vegetales sobre el pan, agrega el queso, la espinaca y germen de alfalfa y sirve.

** E (K/cal) - 382	Pt (g) - 14	A.GrSt(g) - 2
Col(mg) - 29	Az(g) - 0.2	Fb(g) - 3

Hamburguesas de Salmón al Chipotle

Rendimiento: 4 porciones · Tiempo de preparación: 30 min.

2 cucharadas de aceite	3 claras de huevo
2 cucharadas de echalote o cebolla picado	1/4 de cucharada de sal
2 cucharadas de jugo de limón	2 cucharaditas de eneldo fresco picado
2 cucharadas de alcaparras picadas	2 cucharaditas de adobo de chile chipotle
4 filetes de salmón bien picado o molido	1 cucharadita de aceite
4 cucharadas de galletas integrales molidas	

Vacía en un tazón el aceite, echalote, jugo de limón, alcaparras, salmón, galletas integrales, claras de huevo, sal, eneldo y adobo de chipotle. Mezcla perfectamente hasta integrar todos los ingredientes. Forma unas bolitas del tamaño de tu mano y después apachúrralas con un plato extendido para darles forma de hamburguesa.
Barniza las hamburguesas con aceite y ponlas en un sartén o parrilla y deja que se cocinen en el fuego 3 minutos de cada lado. También las puedes cocinar al horno.

** E (K/cal) - 161	Pt (g) - 11	A.GrSt(g) - 1
Col(mg) - 9	Az(g) - 0.0	Fb(g) - 0.6

CLUB SANDWICH CONTEMPORÁNEO

Rendimiento 4 porciones · Tiempo de preparación: 20 min.

1 cucharadita de aceite de oliva	4 cucharaditas de mayonesa al pesto (ver receta)
1 cucharada de pesto de albahaca	8 rebanadas de pan multigrano o chapata
4 pechugas de pollo aplanadas (140g c/u)	1 taza de lechugas mixtas
4 rebanadas de queso manchego light (15 g c/u)	(sangría, escarola, francesa)
8 rebanadas de jamón de pechuga de pavo (10 g c/u)	

Agrega en una parrilla o sartén el aceite de oliva. Barniza con el pesto las pechugas y ponlas en la parrilla o sartén. Una vez cocinadas coloca encima de cada una de las pechugas el queso manchego. El calor del pollo hará que se gratine el queso.

Unta el pan con mayonesa, coloca lechugas, jamón, pollo y queso, cubre con pan y sirve con ensalada.

** E (K/cal) - 405	Pt (g) - 49	A.GrSt(g) - 2
Col(mg) - 99	Az(g) - 1	Fb(g) - 4

SANDWICH DE ATÚN FRESCO

Rendimiento: 4 porciones · Tiempo de preparación: 10 min.

3 cucharadas de vinagreta de alcaparras	1/4 de cucharadita de sal
4 medallones de atún fresco (40 g c/u)	1/4 de cucharadita de pimienta verde molida
1 cucharadita de aceite de oliva	4 rebanadas de cebolla morada
3 cucharadas de salsa de soya baja en sodio	12 rebanadas de jitomate
3 cucharadas de vinagre de manzana	4 rebanadas de pan integral

Barniza con la vinagreta de alcaparras los medallones de atún fresco. Pon en un sartén o parrilla el aceite de oliva y cocina los medallones. Te recomiendo que queden término medio. Vacía en un tazón la salsa de soya, el vinagre de manzana, la sal y la pimienta verde.

Mézclalo y sumerge la cebolla y jitomate. Déjalas por un par de minutos.

Coloca sobre cada rebanada de pan integral una pieza de atún y encima 3 rebanadas de jitomate y una de cebolla morada.

** E (K/cal) - 308	Pt (g) - 36	A.GrSt(g) - 0.1
Col(mg) - 51	Az(g) - 0.0	Fb(g) - 3

HAMBURGUESA DE RES CON CHILE GUAJILLO

Rendimiento: 4 porciones · Tiempo de preparación: 35 min.

En esta receta uso avena que como tú sabes es rica en fibra, para darle más cuerpo a las hamburguesas.

5 chiles guajillos	4 claras de huevo
3 tazas de agua	1 yema de huevo
3 dientes de ajo	1 cucharadita de sal y pimienta negra
2 cucharadas de aceite de oliva	1 cebolla morada
3 cucharadas de salsa inglesa	4 rebanadas de pan integral para hamburguesa
2 cucharadas de salsa de soya	4 rebanadas de queso amarillo
2 cucharaditas de mostaza	1 taza de mezcla de lechugas
2 tazas de carne molida de res	Mayonesa de cilantro (ver receta)
1/2 taza de avena molida	

Limpia e hidrata los chiles guajillos en agua en ebullición. Licúa los chiles hidratados con el ajo, el aceite de oliva, la salsa inglesa, la salsa de soya y la mostaza. En un recipiente vacía la carne molida de res, la avena, las claras y la yema de huevo, la sal y la pimienta negra. Añade la mezcla de guajillo hasta incorporar todos los ingredientes.

Divide la carne en cuatro y forma hamburguesas y calienta la parrilla, pon a asar las carnes hasta el término que desees. Corta la cebolla en rebanadas y espolvorea con sal y pimienta. Pónlas en la parrilla hasta que se suavicen. Sirve la carne en el pan previamente barnizado con mayonesa de cilantro, agrega el queso, las rebanadas de cebolla y la lechuga.

TIP: La carne molida de res procede de diversas partes del animal. El contenido de grasa varía mucho y va relacionado con cuantos puntos blancos presente, de manera visual te puedes dar cuenta que mientras más puntos blancos veas más grasa contendrá, por eso procura comprar la carne más roja, o indicarle al carnicero el tipo de carne que quieras usar.

Mayonesa de cilantro:	1/2 taza de hojas de cilantro desinfectado
1/4 de taza de mayonesa baja en grasa	1 diente ajo
1/2 taza de yogurt natural bajo en grasa	2 cucharadas de vinagre de arroz
1 cucharada de aceite de oliva	(opcional de vino tinto)
1 cucharada de mostaza	

Vacía en un procesador todos los ingredientes hasta emulsionar, obtienes aproximadamente 2 tazas de mayonesa de cilantro.

```
** E (K/cal) - 124   Pt (g) - 8.16   A.GrSt(g) - 1.81
   Col(mg) - 25   Az(g) - 1.24   Fb(g) - 1.27
```

Chiles Jalapeños Crujientes Rellenos de Queso Amarillo y Frijoles

Rendimiento: 10 porciones · Tiempo de preparación: 25 min.

1 cucharada de aceite
10 chiles jalapeños verdes firmes y grandes
2 cucharadas de vinagre blanco
1 cucharadita de orégano
1/2 cucharadita de mejorana
2 hojas de laurel
1 pimienta gorda
1 clavo de olor
1 diente de ajo rebanado
1/4 de cebolla
Sal al gusto

Relleno:
1/2 taza de frijoles refritos
1/2 taza de queso amarillo picado
1 taza de harina de trigo
1 huevo ligeramente batido
1 taza de pan molido
Cantidad suficiente de aceite

Calienta una cazuela de barro y sofríe en el aceite los chiles enteros, añade el vinagre, orégano, mejorana, laurel, pimienta gorda, clavo de olor, el diente de ajo y cebolla, hasta que doren ligeramente. Dales sabor con sal y pimienta. Deja enfriar y retírales las semillas.

Rellena los chiles con los frijoles, el queso amarillo, pásalos por harina, el huevo y el pan molido. Fríelos en abundante aceite caliente, hasta que doren ligeramente, escurre en papel absorbente.

** E (K/cal) - 244   Pt (g) - 6.4   A.GrSt(g) - 2.9
Col(mg) - 27.9   Az(g) - 0.0   Fb(g) - 0.7

DEDOS DE QUESO EMPANIZADOS CON ALMENDRA

Rendimiento: 8 dedos empanizados · Tiempo de preparación: 15 min.

500 g de queso panela
1/2 taza de harina
1 huevo ligeramente batido
3/4 de taza de almendra molida
1 taza de aceite

Corta el queso en tiras de 1 x 3 cm. (aproximadamente), pasa las tiras de queso por harina, huevo y la almendra, de nuevo pásalas por el huevo y empaniza por segunda vez hasta que no queden huecos, presiona con las manos para que se adhieran, déjalas sobre una superficie plana reposando un poco. En una olla calienta el aceite y fríe las tiras de queso empanizadas hasta que queden crujientes.

** E (K/cal) - 388   Pt (g) - 12.4   A.GrSt(g) - 6.9
Col(mg) - 28.3   Az(g) - 0.0   Fb(g) - 2.8

Soufflé de Papas

Rendimiento: 6 porciones · Tiempo de preparación: 25 min.

Cantidad suficiente de agua
1 cucharada de sal
5 papas peladas y rebanadas
2 cucharadas de mantequilla
400 g de queso manchego rallado
1 taza de crema
1/2 taza de leche
1 huevo
Sal y pimienta al gusto

Sumerge las papapas en una olla con agua hirviendo y sal y deja cocinar hasta que estén blandas sin perder su firmeza, en un tazón mezcla la mitad del queso manchego, la crema y la leche, sazona con sal y pimienta al gusto y reserva. Engrasa un refractario con mantequilla y forma una base con las papas, mezcla en un tazón el queso manchego, la crema, leche y el huevo, agrega sal y pimienta al gusto, vuelve a cubrir con otra capa de papas y vacía el resto de la mezcla de crema, leche y queso que reservaste.

Hornea a una temperatura de 180°C aproximadamente 15 minutos.

** E (K/cal) - 573   Pt (g) - 24.1   A.GrSt(g) - 23.8
Col(mg) - 159.3   Az(g) - 0.0   Fb(g) - 0.8

QUESO AL HORNO CON SALSA DE TAMARINDO

Rendimiento: 12 porciones · Tiempo de preparación: 5 min.

Salsa de tamarindo:
1/2 taza de jarabe de tamarindo (con el que se preparan aguas de sabor)
1 lata chica de chiles chipotles
2 cucharadas de vinagre de manzana
1 cucharada de aceite de oliva
Sal con ajo y pimienta blanca al gusto

Queso:
1/2 taza de nuez y/o almendra y/o pistaches picados
1/4 de taza de cilantro fresco desinfectado y picado
1/4 de taza de rabos de cebolla cambray o cebollín picado
1 queso crema (180 g)

Vacía en el vaso de la licuadora el jarabe de tamarindo, agrega 2 cucharadas del adobo del chile chipotle o al gusto, vinagre de manzana, aceite de oliva, sal con ajo y pimienta blanca al gusto, licúa hasta formar una salsa homogénea, sírvela en un recipiente y métela al refrigerador.

Ahora vacía y mezcla en una charola las nueces y el cilantro.
Abre el empaque del queso crema y cúbrelo con la mezcla de nueces y cilantro, hasta formar una costra que cubra el queso.
Coloca el queso cubierto con nueces y cilantro en un recipiente para horno y mete a hornear a 160°C aproximadamente 6 minutos, o si prefieres puedes usar el horno de microondas tan sólo 1 minuto, al servir acompáñalo con la salsa.

** E (K/cal) - 195 Pt (g) - 4.2 A.GrSt(g) - 2.75
Col(mg) - 8.2 Az(g) - 8.5 Fb(g) - 0.4

Torre de Elote con Rajas de Chile Ancho y Queso Panela a la Parrilla

Rendimiento: 4 porciones · Tiempo de preparación: 20 min.

12 tortillas de harina integral
Aceite en aerosol
1/4 de taza de cebolla morada fileteada
1/4 de taza de cebolla blanca fileteada
4 chiles anchos desvenados e hidratados
1 taza de elote desgranado
1 taza de crema
1 queso panela (180 g)
2 cucharadas de aceite
1 cucharada de cilantro desinfectado y picado

Corta las tortillas en cuadros, rocía con aceite, coloca sobre una charola con rejilla y hornea a 200°C hasta que doren.

Hidrata los chiles anchos con agua caliente y córtalos en láminas delgadas, agrégalos al sartén junto con los granos de elote y mueve por un par de minutos sin dejar que cambien de color, ahora agrega la crema y deja en el fuego medio hasta que hierva y reserva. Corta el queso panela en tiras o fajitas y barnízalas con el aceite, después colócalas en un sartén bien caliente hasta que doren un poco.

Coloca en un platón 4 cuadros, una parte del relleno, encima otra tortilla y relleno. Termina con tortilla y queso panela. Espolvorea cilantro picado.

```
** E (K/cal) - 591   Pt (g) - 15.3   A.GrSt(g) - 19.4
   Col(mg) - 114.5   Az(g) - 0.0   Fb(g) - 2.2
```

Re-Fréscate

ENSALADAS, CARPACCIOS, VINAGRETAS Y SALSAS

Las frutas y verduras, una vez recolectadas, siguen respirando. En el proceso respiratorio secretan etileno, un compuesto químico que provoca la maduración. Por ello no se deben almacenar juntos vegetales y frutas con diferente actividad respiratoria, porque la que tiene una mayor respiración provoca la maduración de la otra. La mayor parte de las frutas y las verduras de hoja muestran una actividad respiratoria alta, por lo que se conservan durante menos tiempo. Las hortalizas de raíz y los tubérculos tienen, sin embargo, una respiración baja, por lo que aguantan bien varias semanas en lugares frescos. Por ejemplo, no conviene almacenar juntas zanahorias (respiración baja) con manzanas (respiración alta).

Como se sabe, las temperaturas elevadas también conllevan pérdidas de vitaminas. La conservación por frío asegura que el deterioro sea más lento si se aplica refrigeración y lo detiene totalmente mediante la congelación. Pero es importante también tomar en cuenta la humedad para mantener bajo el ritmo respiratorio de frutas y vegetales.

Para almacenar hojas, como la lechuga, dentro del refrigerador evita hacerlo en una bolsa cerrada, debido a la alta tasa de respiración y consecuentemente porque el etileno producido provoca oxidación (coloración café y putrefacción). Almacénala en una bolsa de plástico con agujeros grandes. Asimismo, te recomiendo que hojas como la lechuga se laven, corten y desinfecten cuando se vayan a consumir, pues el agua que permanece en la hoja ayuda a que durante el almacenamiento se oxide y pierda su turgencia a un ritmo mayor, por lo que duran solamente un día o dos.

Las hierbas y plantas aromáticas sufren daño por el frío, por lo que se recomienda almacenarlas en la parte de arriba del refrigerador (no congelador) dentro de un recipiente tapado con papel de aluminio, el cual previene que se quemen y duran más tiempo.

Los tubérculos como papas, jícama, etc. se conservan mejor fuera del refrigerador, ya que tienen una tasa de respiración muy baja y sufren daños por frío, como lo es la caramelización de los azúcares.

Cuando compres tomates o jitomates procura dejarlos fuera del refrigerador, así conservan mejor su sabor y al madurar le dan un mejor color a tus ensaladas.

Para conservar frutas ya cortadas dentro del refrigerador, lo mejor es meterlas en una bolsa de plástico o en un recipiente cerrado, ya que aparte de conservarse mejor, evita la contaminación de olores y su oxidación (oscurecimiento).

Ensalada de Ejotes, Nuez de la India y Mandarina

Rendimiento: 4 porciones · Tiempo de preparación: 10 minutos

2 cucharadas de aceite de oliva
1 1/2 tazas de ejotes verdes blanqueados
1 1/2 tazas de ejotes amarillos blanqueados
1 taza de tomates (jitomates) cherry
1/4 de taza de mermelada de naranja
3 cucharadas de nueces de la india picadas
1 cucharada de ajonjolí negro
Un toque de sal y pimienta
1/2 taza de queso panela en cubos
2 mandarinas en gajos
1 cucharada de vinagre de vino tinto
1 cucharada de hojas de cilantro

En un sartén calienta aceite, saltea los ejotes junto con los tomates, agrega la mermelada, nueces, ajonjolí, sal y pimienta, pasa a un tazón y combina con el resto de los ingredientes. Sirve de inmediato.

**E (K/cal) - 251   Pt (g) - 7   A.GrSt(g) - 16
Col(mg) - 2   Az(g) - 20   Fb(g) - 4

Ensalada de Frutas al Grill con Vinagreta de Fresas

Rendimiento: 4 porciones · Tiempo de preparación: 25 min.

2 cucharadas de aceite
2 cucharadas de cebollín picado finamente
2 peras rebanadas, sin semillas
1 manzana rebanada, sin semilla
2 mandarinas o toronjas,
en rodajas ligeramente anchas
3 tallos de apio
1 jitomate
2 tazas de lechugas mixtas
1 taza de espinacas desinfectadas
1/2 taza de pepino rebanado
2 cucharadas de queso azul
4 cucharadas de nueces o almendras semi picadas
Sal y pimienta al gusto

Vinagreta de fresas:
1/2 taza de fresas molidas
2 cucharadas de jugo de limón verde
2 cucharadas de vinagre de arroz
1/4 de taza de agua
2 cucharadas de aceite de oliva o aceite español
3 cucharadas de miel de maíz o jarabe natural
Sal y pimienta blanca al gusto

Para la ensalada:
Mezcla el aceite con el cebollín y echalote. Barniza con esta mezcla las frutas y los apios para después cocinarlas en una parrilla o sartén.
Vacía las frutas y el apio recién cocinados en un tazón y agrega el resto de los ingredientes: lechugas, espinacas, pepino, queso y almendras, reserva mientras preparas la vinagreta.

Para la vinagreta:
Mezcla todos los ingredientes en un tazón grande. Sirve con la ensalada.

TIP: Para comprobar que las lechugas estén frescas, al momento de adquirirlas debes observar que las hojas estén crujientes y que aún conserven su color vivo.

Las fresas pueden ser congeladas o naturales. Si son naturales, hay que lavarlas muy bien y desinfectarlas antes de comerlas.

El vinagre de arroz tiene un sabor ligeramente dulce y es más suave que el vinagre blanco.

```
** E (K/cal) - 67   Pt (g) - 1.38   A.GrSt(g)
   Col(mg) - 1   Az(g) - 1.92   Fb(g) - 1.95
```

Ensalada Mixta con Pétalos de Rosas y Vinagreta de Vainilla

Rendimiento: 4 porciones ·Tiempo de preparación: 25 min.

Ensalada:
6 duraznos
3 higos
1/4 de cucharadita de canela en polvo
2 cucharadas de echalote picado
3 cucharadas de aceite
Sal al gusto
Chile piquín en polvo al gusto
15 pistaches
3 tazas de lechugas mixtas
3/4 de taza de pétalos de rosa rojos y rosas
1 1/2 cucharadas de cobertura de chocolate blanco

Vinagreta:
1/4 de cucharadita de canela en polvo
2/3 de taza de agua
2 cucharadas de vainilla líquida
3 cucharadas de aceite de oliva
2 cucharaditas de echalote
2 1/2 cucharadas de vinagre de arroz o vinagre de manzana diluido en agua
3 cucharadas de miel de maíz

Para preparar la ensalada:
Parte los higos y los duraznos en cuartos y retírale las semillas al durazno. Mezcla la canela, el echalote picado, aceite, sal y chile piquín al gusto, revuelve con las frutas y mételos a tu horno Whirlpool a 180ºC 10 minutos o hasta que estén ligeramente suaves.

Vacía en un tazón los pistaches, lechugas y pétalos de rosa, mezcla estos ingredientes con la vinagreta y sirve acompañada de las frutas horneadas, por último ralla el chocolate blanco y espolvoréalo encima como si fuera queso parmesano.

Para preparar la vinagreta:
Mete todos los ingredientes a la licuadora, si lo consideras necesario puedes agregar sal al gusto.

** E (K/cal) - 92   Pt (g) - 1.67   A.GrSt(g) - 0.83
Col(mg) - 0   Az(g) - 3.87   Fb(g) - 1.76

Ensalada Verde con Pollo Tandoori y Vinagreta de Orégano

Rendimiento: 4 porciones · Tiempo de preparación: 30 min.

Un platillo de origen indio, lleva su nombre por el horno donde se preparaba.

Salsa tandoori:
1 taza de yogurt bajo en grasa
1/4 de taza de jugo de limón verde
3 cucharadas de jengibre picado
2 cucharadas de cilantro desinfectado y picado
1 cucharada de ajo picado
1 cucharada de comino
Sal al gusto
1 cucharadita de pimienta de cayena
4 medias pechugas de pollo
deshuesadas y aplanadas
2 cucharadas de aceite de oliva

Ensalada y vinagreta de balsámico y orégano:
2 cucharadas de echalote picado
1 cucharadita de orégano seco
1/4 de taza de aceite de oliva
1/2 taza de vinagre balsámico
1/4 de taza de caldo de vegetales o agua
2 tazas de lechugas mixtas
1 manojo chico de cebollín

Para preparar la salsa y las pechugas de pollo:
Licúa todos los ingredientes para la salsa y marina las pechugas de pollo al menos 20 minutos. Mete a tu horno Whirlpool aproximadamente 12 minutos o hasta que el pollo se haya cocinado a 180ºC (355º F).

Para preparar la ensalada y vinagreta de balsámico y orégano:
Mezcla en un tazón el echalote, el orégano y el aceite de oliva, después agrega poco a poco el vinagre balsámico y el caldo de vegetales. Rocía las lechugas con la vinagreta y sirve acompañando el pollo.

TIP: El vinagre balsámico es elaborado con uva blanca azucarada que envejece durante 4 o 5 años en barriles de madera. El vinagre de entre 10 y 40 años posee un sabor indescriptible. Este vinagre, de color pardo oscuro, es poco ácido, por lo que se considera más un condimento que un vinagre. Mezclado con aceite de oliva y ciertas hierbas provee a cualquier ensalada una vinagreta deliciosa.

** E (K/cal) - 121   Pt (g) - 13.43   A.GrSt(g) - 0.87
Col(mg) - 32   Az(g) - 2.48   Fb(g) - 0.44

Torre de Manzana

RECETA NUEVA

Rendimiento: 4 porciones · Tiempo de preparación: 15 minutos

Para la salsa
1/2 taza de vinagre balsámico
1/4 de taza de mermelada de chabacano
1 rama chica de romero

Para la torre
2 manzanas verdes en rebanadas
1 limón (el jugo)
1 tazón de espinacas baby lavadas y desinfectadas
1 taza de germinado de alfalfa
1/2 taza de queso de cabra fresco desmoronado
1/2 taza de fresas lavadas, desinfectadas y en cuartos
1 cucharada de arándanos deshidratados
2 cucharadas de almendras fileteadas y tostadas
Un toque de sal y pimienta

Coloca el vinagre balsámico en una olla a fuego bajo con mermelada y romero, deja reducir y reserva.
Calienta tu parrilla y marca las manzanas solo de un lado, retira y tírales un toque de jugo de limón; en un tazón mezcla el resto de los ingredientes.
Forma una torre intercalando rebanadas de manzana y la mezcla del tazón, repite hasta terminar con los ingredientes y sirve con la salsa.

** E (K/cal) - 247 Pt (g) - 6 A.GrSt(g) - 8
Col(mg) - 22 Az(g) - 38 Fb(g) - 3

ENSALADA DE ESPINACAS CON MANGO

Rendimiento: 4 porciones · Tiempo de preparación: 7 min.

1/4 de taza de vinagreta de chile chipotle (ver receta)
2 tazas de espinacas desinfectadas
4 barritas de surimi de cangrejo en cubos
2 mangos en cubos
1 cucharadita de ajonjolí

Pon en un tazón la vinagreta, agrega las hojas de espinaca y el surimi de cangrejo, revuelve hasta impregnar con la vinagreta, vacía el mango y espolvorea el ajonjolí, sirve en platos individuales o en una ensaladera.

** E (K/cal) - 88	Pt (g) - 6	A.GrSt(g) - 0.1
Col(mg) - 9	Az(g) - 0.1	Fb(g) - 2

ENSALADA DE POLLO CON ADEREZO AL PESTO

Rendimiento: 4 porciones · Tiempo de preparación: 20 min.

4 medias pechugas de pollo deshuesadas, sin piel y aplanadas
2 cucharadas de pesto de albahaca (ver receta)
3 cucharadas de mayonesa al pesto
3 cucharadas de vinagre
3 tazas de lechugas mixtas
1 taza de espinacas desinfectadas

Barniza las pechugas de pollo con 4 cucharaditas de pesto y cuécelas en una parrilla o sartén, córtalas en triángulos y consérvalas por separado en refrigeración.
Ahora vacía en un tazón el resto del pesto y agrega la mayonesa, revuelve con batidor globo hasta incorporar, después el vinagre poco a poco junto con el caldo de pollo hasta integrarlos.
Mezcla la lechuga y la espinaca con el aderezo en el tazón, agrega las pechugas de pollo y sirve de inmediato.

** E (K/cal) - 255	Pt (g) - 39	A.GrSt(g) - 1
Col(mg) - 94	Az(g) - 0.1	Fb(g) – 1

Ensalada de Pollo y Queso Adobados

❧

Rendimiento: 12 porciones · Tiempo de preparación: 15 minutos

Para el adobo
1/2 cebolla asada
2 dientes de ajo asados
2 chiles guajillo sin semillas, asados e hidratados
1 chile ancho sin semillas, asado e hidratado
1/2 taza de agua, en la que hidrataste los chiles
1 cucharada de vinagre de manzana
1 cucharada de miel
Un toque de sal y pimienta

Para la ensalada
1/2 pechuga de pollo limpia, en cubos medianos
1 taza de queso manchego en cubos
1 taza de queso panela en cubos
1 tazón de lechugas mixtas, lavadas y desinfectadas
1 taza de germinados
6 tomates (jitomates) cherry en cuartos
1/2 aguacate en medias lunas
2 cucharadas de cacahuates tostados

Mezcla en tu licuadora todos los ingredientes para el adobo hasta integrar.
Marina en el adobo los cubos de pollo, ponlos en la plancha hasta que estén bien cocidos y enseguida pasa a un tazón con los quesos y el resto de los ingredientes para la ensalada, y sirve. Una opción perfecta para una entradita.

** E (K/cal) - 125   Pt (g) - 8   A.GrSt(g) - 7
Col(mg) - 36   Az(g) - 8   Fb(g) – 1

Ensalada de Lentejas

Rendimiento: 8 porciones · Tiempo de preparación: 20 minutos

1 cucharada de aceite
4 cucharadas de tocino grueso en cubos chicos
3 rebanadas de piña troceada
1/4 de cebolla morada en trozos
1/4 de taza de endulzante sin calorías
2 tazas de lentejas cocidas y escurridas
1 taza de germinado de brócoli lavado y desinfectado

Para la vinagreta
3 cucharadas de aceite de oliva
1 cucharada de vinagre de manzana
1 chile de árbol seco picado

Calienta el aceite en un sartén, agrégale tocino, piña y cebolla morada; saltea, tírale endulzante sin calorías junto con las lentejas y retira del fuego.
Deja enfriar un poco y mezcla con el germinado, combina todos los ingredientes de la vinagreta y vacía sobre la ensalada. Sirve de inmediato.

** E (K/cal) - 196   Pt (g) - 6   A.GrSt(g) - 13
Col(mg) - 8   Az(g) - 16   Fb(g) – 5

TORRE DE JITOMATES
CON QUESO PANELA AL AJILLO

Rendimiento: 4 porciones · Tiempo de preparación: 15 min.

1 cucharada de aceite de oliva
1/2 cucharadita de ajo picado
1/4 de cucharadita de romero picado
12 rebanadas de queso panela, de 1 cm. de alto y circulares
3 jitomates bola
1 taza de vinagreta de orégano y balsámico

Pon a calentar en un sartén el aceite de oliva, agrega el ajo sin dejar que cambie de color, después el romero picado y mueve con una pala, retira del sartén el aceite y ajo con romero.

Barniza con una brocha las rebanadas de queso panela por los dos lados y ponlas una a una en el sartén hasta que tomen un color café claro, en este momento retíralas del fuego y conserva por separado a temperatura ambiente mientras cortas en rodajas el jitomate.

Sirve en el plato una rebanada de jitomate y encima coloca una de queso usa tres piezas para cada porción y cuatro de jitomate, rocía con la vinagreta.

Puedes decorar con una rama de romero clavada en el jitomate de hasta arriba.

** E (K/cal) - 306	Pt (g) - 25	A.GrSt(g) - 13
Col(mg) - 95	Az(g) - 0.0	Fb(g) - 0.7

ENSALADA DE CAMARONES CON ELOTE ROSTIZADO

Rendimiento: 8 porciones · Tiempo de preparación: 20 minutos

1 cucharada de aceite de oliva
1 cucharadita de aceite de ajonjolí
2 dientes de ajo picados
1/4 de cebolla morada picada
1 cucharadita de jengibre picado
1 cucharada de rabos de cebolla lavados, desinfectados y picados
1 chile morita picado
1/2 taza de mermelada de fresa
Un toque de sal y pimienta
12 camarones medianos limpios
2 elotes amarillos en trozos
1 taza de tomates (jitomates) cherry en mitades
1 tazón de lechuga italiana lavada, desinfectada y troceada

Para acompañar
3 cucharadas de mayonesa baja en grasa
1 cucharada de albahaca lavada, desinfectada y picada
1 cucharadita de salsa inglesa
Un toque de pimienta

Calienta los aceites en un sartén, tírale ajo y cebolla, y no dejes que cambien de color. Sube el sabor con jengibre, rabos de cebolla, chile y mermelada de fresa; da un toque de sal y pimienta a los camarones, ponlos en el sartén y saltea a fuego alto para que tomen un color intenso y se mantengan firmes. Reserva.

Agrega el elote al mismo sartén y deja que tomen un color dorado. Coloca en un tazón los camarones, elotes, tomates y lechuga.

En otro tazón combina los ingredientes del acompañamiento y sirve a un lado de la ensalada.

** E (K/cal) – 167	Pt (g) – 12	A.GrSt(g) – 4
Col(mg) – 90	Az(g) – 22	Fb(g) – 1

CARPACCIO DE RES

Rendimiento: 4 porciones · Tiempo de preparación: 15 min.

2 cucharaditas de ajo picado
1/4 de taza de aceite de oliva
1/4 de taza de jugo de limón
1 cucharadita de alcaparras picadas
Sal y pimienta negra al gusto
1 filete de res congelado (200 g)
1/4 de taza de queso parmesano en láminas delgadas

Mezcla en un tazón el ajo y el aceite de oliva, agrega el jugo de limón mientras continúas revolviendo, ya por último añade las alcaparras y rectifica el sabor con sal y pimienta.

Rebana el filete de res muy finamente en láminas mientras aún está congelado, coloca las láminas de inmediato en un plato y sirve acompañado de la salsa de aceite de oliva y alcaparras, para finalizar decora con el queso parmesano.

** E (K/cal) - 210   Pt (g) - 6.09   A.GrSt(g) - 3.07
Col(mg) - 17   Az(g) - 0.00   Fb(g) - 0.28

Ensalada de Queso Panela con Vinagreta de Jamaica

Rendimiento: 4 porciones · Tiempo de preparación: 15 min.

Vinagreta:
5 cucharadas de jarabe de jamaica (para agua)
5 cucharadas de vinagre blanco
5 cucharadas de aceite de oliva
1 cucharada de hojas de cilantro desinfectado picado
Sal y pimienta blanca al gusto

Queso:
1 cucharada de ajo picado
2 cucharadas de caldillo de chile chipotle adobado
2 cucharadas de aceite de oliva
20 fajitas o círculos de queso panela
Sal y pimienta negra

Ensalada:
3 tazas de lechugas mixtas
1/2 taza de espinacas desinfectadas
1 zanahoria rebanada a lo largo
1 pepino rebanado a lo largo
1 naranja en gajos

Vinagreta:
Licúa todos los ingredientes hasta integrar y reserva en refrigeración.

Queso:
Coloca en un tazón el ajo, chile chipotle y aceite, mézclalos, cubre el queso con esta mezcla y espolvoréalo con sal y pimienta al gusto, precalienta un sartén o comal y sella los quesos (que cambien ligeramente de color), conserva por separado.

Ensalada:
Pon todos los ingredientes en una ensaladera o platón, agrega el queso y por último la vinagreta.

** E (K/cal) - 486   Pt (g) - 27.9   A.GrSt(g) - 23.2
Col(mg) - 187.2   Az(g) - 12   Fb(g) – 0.5

Vinagretas

y Salsas

Mayonesa al Pesto

Rendimiento: 1 1/2 tazas · Tiempo de preparación: 05 min.

La mayonesa al pesto es súper versátil lo mismo la puedes usar para pastas, que para ensaladas pescados o pollo.

1/2 taza de mayonesa baja en grasa
1/2 taza de yogurt natural sin grasa
3 cucharadas de pesto de albahaca (ver receta)
1 cucharada de vinagre blanco
1/4 de cucharadita de pimienta verde o negra molida

Mezcla todos los ingredientes en un tazón hasta integrar. Tapa y refrigera.

** E (K/cal) - 27	Pt (g) - 0.3	A.GrSt(g) - 0.1
Col(mg) - 0.2	Az(g) - 0.0	Fb(g) - 0.0

Mayonesa al Curry

Esta mayonesa te recomiendo la uses con pescados y mariscos.

Rendimiento: 1 Taza · Tiempo de preparación: 10 min.

1/3 de taza de mayonesa baja en grasa
1/3 de taza de yogurt natural bajo en grasa
1 1/2 cucharaditas de curry en polvo
2 cucharaditas de azúcar
1 cucharadita de cebollín picado
1 cucharadita de jugo de limón
1 1/2 cucharaditas de salsa de soya baja en sodio
1 cucharadita de vinagre de manzana
Unas gotas de salsa picante

Mezcla todos los ingredientes en un tazón. Tapa y refrigera.

** E (K/cal) - 20	Pt (g) - 0.3	A.GrSt(g) - 0.0
Col(mg) - 0.0	Az(g) - 0.0	Fb(g) - 0.0

Vinagreta de Chile Ancho

Rendimiento: 1 1/2 tazas · Tiempo de preparación: 5 min.

4 chiles anchos hidratados y sin semillas (40 g)
1 cucharada de cebolla picada
1 cucharadita de ajo
1/2 taza de vinagre de manzana
1/2 taza de uvas pasas
1/4 de taza de jugo de naranja
4 cucharadas de aceite de oliva
1/4 de cucharadita de sal

Licúa todos los ingredientes hasta incorporar.

** E (K/cal) - 23	Pt (g) - 0.2	A.GrSt(g) - 0.2
Col(mg) - 0.0	Az(g) - 0.0	Fb(g) - 0.0

Vinagreta de Tamarindo

Uno de mis ingredientes favoritos es el tamarindo, por lo que está de más que te diga que esta vinagreta me encanta.

Rendimiento: 1 1/2 tazas · Tiempo de preparación: 10 min.

1/4 de taza de agua
1 cucharada de azúcar mascabado
1 taza de pulpa de tamarindo
1 echalote picado
1 1/2 cucharaditas de salsa de soya baja en sodio
2 cucharaditas de aceite

Disuelve el azúcar en agua y licúala con el resto de los ingredientes.

** E (K/cal) - 32	Pt (g) - 0.1	A.GrSt(g) - 0.0
Col(mg) - 0.0	Az(g) - 0.0	Fb(g) - 0.0

VINAGRETA DE CHILE JALAPEÑO

Rendimiento: 1 1/2 tazas · Tiempo de preparación: 6 min.

3 chiles jalapeños en vinagre, picados
1 cucharadita de ajo picado
1 cucharadita de mostaza en polvo
1/2 taza de vinagre de manzana
1/2 taza de agua
1/4 de taza de aceite de oliva extra virgen
1 cucharadita de sal
1/2 cucharadita de pimienta negra molida

Pon en un tazón el chile jalapeño, ajo, mostaza, vinagre y agua, revuelve hasta integrar, agrega poco a poco y mientras mueves el aceite de oliva, sal y pimienta.
Puedes conservarla en refrigeración hasta tres semanas.

** E (K/cal) - 31	Pt (g) - 0.1	A.GrSt(g) - 0.5
Col(mg) - 0.0	Az(g) - 0.0	Fb(g) - 0.0

VINAGRETA DE BALSÁMICO Y ORÉGANO

Rendimiento: 2 tazas · Tiempo de preparación: 10 min.

El secreto de esta vinagreta está en el vinagre balsámico. Éste le va a dar un sabor dulce y ácido. Puedes usar esta vinagreta con pollo, carne o con papas cocidas.

5 cucharadas de aceite
6 cucharadas de vinagre balsámico
1 1/2 tazas de caldo de vegetales
2 cucharadas de echalote picado
2 cucharadas de mostaza
1 ajo chico picado
1 1/2 cucharadas de salsa de soya baja en sodio
1 cucharadita de orégano en polvo
1 cucharada de fécula de maíz disuelta en una cucharada de agua

Licúa todos los ingredientes, menos la fécula de maíz, vacíalos en una olla y pónlos a fuego medio 3 minutos, agrega la fécula de maíz y revuelve, retira del fuego y enfría; al enfriarse debe tomar una textura más espesa.
Fécula de maíz = Maicena
Vinagre balsámico = vinagre de origen italiano muy apreciado por su sabor y proceso de elaboración.

** E (K/cal) - 13	Pt (g) - 0.2	A.GrSt(g) - 0.1
Col(mg) - 0.1	Az(g) - 0.0	Fb(g) - 0.1

VINAGRETA DE ALCAPARRAS

Ésta es una exquisita vinagreta para combinar con vegetales verdes o para pescados y pollo, si cocinas un simple pescado o pollo a la plancha y agregas esta vinagreta te aseguro que tendrás un platillo de clase gourmet.

Rendimiento: 1 taza · Tiempo de preparación: 8 min.

1/4 de taza de vinagre de arroz o blanco
1/4 de cucharadita de sal
1/4 de cucharadita de pimienta negra molida
1 echalote picado
1 cucharada de alcaparras picadas
1 cucharada de mostaza
1/2 taza de agua
2 cucharadas de aceite

Revuelve el vinagre y la sal en un tazón hasta que se disuelva la sal, agrega el resto de los ingredientes, menos el aceite, y mézclalos.
Ahora agrega el aceite poco a poco mientras estás revolviendo.

> ** E (K/cal) - 18   Pt (g) - 0.2   A.GrSt(g) - 0.1
> Col(mg) - 0.0   Az(g) - 0.0   Fb(g) - 0.0

VINAGRETA DE MIEL

Esta vinagreta se lleva de maravilla con nopales y espinacas o para marinar pollo.

Rendimiento: 1 taza • Tiempo de preparación: 10 min.

1/2 taza de agua
1 cucharada de fécula de maíz
1 cucharadita de cebolla
1/4 de taza de vinagre
1/2 cucharadita de sal
1 cucharada de mostaza
2 cucharadas de miel de abeja

Disuelve la fécula en el agua. Calienta hasta que empiece a espesar, vacíala en la licuadora con el resto de los ingredientes, mezcla y deja enfriar, conserva tapado hasta dos semanas en el refrigerador.

> ** E (K/cal) - 12   Pt (g) - 0.1   A.GrSt(g) - 0.0
> Col(mg) - 0.0   Az(g) - 0.0   Fb(g) - 0.0

VINAGRETA DE CHILE CHIPOTLE

Rendimiento: 1 1/2 tazas · Tiempo de preparación: 6 min.

1/2 cucharadita de salsa inglesa
1 cucharadita de cebolla picada
1 taza de jitomate sin semillas picado
1 cucharada de cilantro lavado y desinfectado, picado
1 cucharadita de adobo de chile chipotle
1 taza de vinagre de manzana
1/4 de taza de aceite de oliva
1/4 de cucharadita de sal

Licúa todos los ingredientes hasta integrar.

** E (K/cal) - 4   Pt (g) - 0.1   A.GrSt(g) - 0.0
Col(mg) - 0.0   Az(g) - 0.0   Fb(g) - 0.0

CHIMICHURRI

Rendimiento: 1 taza · Tiempo de preparación: 5 min.

1 taza de hojas de perejil desinfectadas
1/2 taza de aceite de oliva
1/3 de taza de vinagre de vino tinto o de manzana
1/4 de taza de hojas de cilantro desinfectadas
1 diente de ajo
1 cucharadita de pimiento rojo picado
1/2 cucharadita de sal

Licúa todos los ingredientes, tapa, deja a temperatura ambiente una hora y sirve.

** E (K/cal) - 23   Pt (g) - 0.2   A.GrSt(g) - 0.2
Col(mg) - 0.0   Az(g) - 0.0   Fb(g) - 0.0

SALSA DE CHILE HABANERO Y CEBOLLA MORADA

Rendimiento: 2 tazas · Tiempo de preparación: 15 min.

1 pieza de cebolla morada fileteada
3 tazas de agua caliente
1 taza de vinagre de manzana
4 pimientas gordas
3 pimientas negras enteras
1/2 cucharadita de sal
1 chile habanero

Pon la cebolla morada en un recipiente y añádele el agua caliente, déjala en este recipiente con agua al menos 5 minutos, enjuaga las cebollas y colócalas en otro recipiente, agrégales el vinagre, las pimientas, la sal y el chile. Mete a refrigerar y usa con extremo cuidado.

```
** E (K/cal) - 2   Pt (g) - 0.0   A.GrSt(g) - 0.0
   Col(mg) - 0.0   Az(g) - 0.0    Fb(g) - 0.0
```

ADEREZO CÉSAR

Ésta es una alternativa hecha a base de tofú (soya) sin utilizar yemas de huevo y el sabor es lo más cercano al aderezo césar, pero saludable.

Rendimiento: 1 3/4 tazas · Tiempo de preparación: 8 min.

250 g de tofú
6 cucharadas de vinagre balsámico
1 cucharadita de mostaza
8 anchoas
4 cucharadas de queso parmesano
1 cucharada de salsa inglesa
1 cucharadita de pimienta negra molida
3 cucharadas aceite

Licúa todos los ingredientes hasta integrar. Conserva en refrigeración hasta 2 semanas.

```
** E (K/cal) - 16   Pt (g) - 1   A.GrSt(g) - 0.2
   Col(mg) - 1      Az(g) - 0.1  Fb(g) - 0.0
```

Pesto de Albahaca

Rendimiento: 3/4 de taza · Tiempo de preparación: 12 min.

5 cucharadas de hojas de albahaca
40 g de nueces tostadas
3 cucharadas de aceite de oliva extra virgen
1 cucharadita de ajo picado
2 cucharadas de agua
30 g de queso parmesano rallado

Pon en una licuadora o procesador de alimentos las hojas de albahaca, nueces, aceite de oliva y ajo, licúa hasta formar una pasta y agrega poco apoco el agua, mientras está encendido el motor de la licuadora o procesador. Vacía en un recipiente, agrega el parmesano y mezcla, y conserva en refrigeración.

** E (K/cal) - 60	Pt (g) - 1	A.GrSt(g) - 1
Col(mg) - 2	Az(g) - 0.1	Fb(g) – 0.1

Guacamole de Espárragos

Rendimiento: 2 tazas · Tiempo de preparación: 10 min.

2 tazas de espárragos blanqueados y en cubos
1 1/2 cucharadas de jugo de limón
3 cucharaditas de cebolla morada picada
1 jitomate guaje, sin piel ni semillas, en cubos
1 cucharada de cilantro desinfectado y picado
1/4 de cucharadita de pimienta negra molida
1/3 de taza de crema
1/2 chile serrano picado
1 pizca de chile piquín

Licúa todos los ingredientes. Pásalos a un tazón, tápalo y mételo a refrigerar una noche (12 hrs) antes de servir.

** E (K/cal) - 7	Pt (g) - 0.7	A.GrSt(g) - 0.0
Col(mg) - 0.0	Az(g) - 0.0	Fb(g) – 0.1

Salsa Verde

Rendimiento: 2 tazas · Tiempo de preparación: 4 min.

2 cucharadas de aceite
1 diente de ajo
1/4 de cebolla
1 chile de árbol sin semillas
2 chiles serranos
10 tomates verdes
4 cucharadas de cilantro desinfectado y picado
1/2 cucharadita de sal
1/4 de taza de agua

Pon aceite en un sartén y pon el ajo, cebolla y chiles, retíralos del sartén y vacíalos en la licuadora con el resto de los ingredientes, licúa, enfría y refrigera.

```
** E (K/cal) - 3   Pt (g) - 0.1   A.GrSt(g) - 0.0
   Col(mg) - 0.0   Az(g) - 0.0    Fb(g) - 0.0
```

Salsa Barbecue

Rendimiento: 4 tazas · Tiempo de preparación: 25 min.

1/2 cebolla picada
3 cucharaditas de ajo picado
3 cucharaditas de chile jalapeño en vinagre picado
2 cucharadas de aceite
1/4 de cucharadita de orégano en polvo
3 cucharaditas de adobo de chile chipotle

2 tazas de puré de tomate
2 tazas de vinagre de manzana
3/4 de taza de azúcar mascabado
1/4 de taza de salsa inglesa
1/2 cucharadita de sal

Suda la cebolla, ajo y chiles jalapeños en un sartén con aceite hasta que las cebollas estén transparentes, agrega el adobo de chile chipotle y deja en el fuego por 30 segundos.
Añade el puré de tomate en el sartén y baja el fuego a la mitad, moviendo constantemente 7 minutos aproximadamente.
Después tírale el resto de los ingredientes, deja que hierva y reduzca (evapore) otros 15 minutos.
Retira del fuego y enfría, puedes refrigerarla 1 semana o congelarla hasta 1 mes.

```
** E (K/cal) - 8   Pt (g) - 0.1   A.GrSt(g) - 0.0
   Col(mg) - 0.0   Az(g) - 0.0    Fb(g) - 0.0
```

Salsa de Cítricos

Rendimiento: 2 tazas · Tiempo de preparación: 20 min.

1 cucharadita de aceite de oliva	1/4 de taza de jugo de limón
2 cucharadas de echalote picado	1/4 de taza de jugo de toronja
4 cucharadas de pimiento rojo picado en cubos	10 gajos de mandarina
1 cucharada de rabos de cebolla cambray picados	10 gajos de naranja
3 cucharaditas de salsa de soya baja en sodio	10 gajos de toronja
2 tazas de jugo de naranja	1/4 de cucharadita de sal

Pon en un sartén el aceite de oliva, agrega al sartén el echalote y pimientos, mueve continuamente evitando que cambien de color, añade la salsa de soya y deja en el fuego unos segundos.

Baja el fuego a la mitad y agrega el jugo de naranja, limón y toronja (opcional), deja que se reduzca (evapore) a la mitad y añade los gajos de naranja, toronja y mandarina, dejándolos en el fuego 2 minutos.

Rectifica el sabor con la sal si es necesario y retira del fuego.

** E (K/cal) - 6	Pt (g) - 0.1	A.GrSt(g) - 0.0
Col(mg) - 0.0	Az(g) - 0.0	Fb(g) - 0.0

Salsa de Chile Ancho

Rendimiento: 2 tazas · Tiempo de preparación: 20 min.

135 g de chile ancho	45 g de puré de tomate
1 cucharadita de aceite	120 ml de caldo de pollo
110 g de cebolla picada	1 cucharadita de azúcar mascabado
1 diente de ajo fileteado	1 cucharada de vinagre de manzana
1 pimiento rojo en cubos	1 cucharadita de orégano

Hidrata los chiles en una olla con agua en ebullición, hasta que se suavicen, límpialos quitándoles las semillas, venas y rabos.
Agrega aceite en un sartén y añádele la cebolla, el ajo, los pimientos y mantén en el fuego sin dejar que cambien de color, agrégale el puré de tomate y deja a fuego medio hasta que hierva.
Tira al sartén los chiles, el caldo de pollo, azúcar, vinagre y orégano.
Deja en fuego medio 10 minutos, y licúa hasta obtener una textura suave.

** E (K/cal) - 13	Pt (g) - 0.4	A.GrSt(g) - 0.0
Col(mg) - 0.0	Az(g) - 0.1	Fb(g) - 0.1

Salsa Pico de Gallo con Soya

Esta salsa la puedes usar con cualquier ensalada.
Yo te la recomiendo con las tortitas de cangrejo o con chips de tortilla.

Rendimiento: 3 tazas · Tiempo de preparación: 5 min.

6 jitomates
4 cucharadas de cebolla picada
4 cucharadas de cilantro desinfectado y picado
2 chiles serranos picados
1/4 de cucharadita de orégano en polvo
1/4 de cucharadita de sal
1 cucharada de jugo de limón
1 cucharadita de salsa de soya baja en sodio

Mezcla todos los ingredientes en un tazón.

> ** E (K/cal) - 3   Pt (g) - 0.1   A.GrSt(g) - 0.0
> Col(mg) - 0.0   Az(g) - 0.0   Fb(g) - 0.1

Salsa de Cilantro

Te recomiendo uses esta salsa con pollo, pescado o pastas.

Rendimiento: 2 tazas · Tiempo de preparación: 7 min.

1 cucharadita de aceite
3 cucharadas de cebolla picada
1 cucharadita de ajo picado
2 cucharaditas de salsa de soya baja en sodio
2 tazas de caldo de vegetales
1 cucharada de fécula de maíz, disuelta
en una cucharada de agua
1 taza de hojas de cilantro desinfectado
2 cucharadas de jugo de limón

Pon aceite en un sartén y saltea la cebolla y ajo sin que cambien de color, agrega la salsa de soya, el caldo de vegetales, baja el fuego a la mitad y deja que hierva, añade la fécula de maíz y revuelve hasta integrar, agrega el cilantro y el jugo de limón, deja en el fuego tres minutos, para después licuar perfectamente.

> ** E (K/cal) - 5   Pt (g) - 0.2   A.GrSt(g) - 0.0
> Col(mg) - 0.2   Az(g) - 0.0   Fb(g) - 0.1

Salsa de Mango y Chile Jalapeño

Rendimiento: 1 taza · Tiempo de preparación: 12 min

1 cucharadita de aceite de oliva
2 cucharaditas de chalote picado
1 cucharada de rabos de cebolla cambray o cebollín picados
1 cucharada de chiles jalapeños en vinagre, picados
3 cucharadas de vinagre de arroz
2 mangos en cubos (300 g)
1 cucharadita de jugo de limón
1 cucharadita de sal

Pon aceite de oliva en un sartén, una vez caliente agrégale el echalote y el cebollín picado, moviendo frecuentemente, añade los chiles jalapeños y el vinagre de arroz, deja que se evapore a la mitad y agrega el mango, el jugo de limón y la sal. Deja en el fuego un minuto y retira.

** E (K/cal) - 5	Pt (g) - 0.1	A.GrSt(g) - 0.0
Col(mg) - 0.0	Az(g) - 0.0	Fb(g) - 0.1

Salsa de Chipotle y Fruta

Rendimiento: 1 taza · Tiempo de preparación: 15 min.

1/4 de taza de manzana picada
1/4 de taza de durazno en almíbar, picado
1/4 de taza de piña en almíbar, picada
2 cucharadas de cebolla morada picada
1/4 de taza de adobo de chipotle
1 cucharada de cilantro desinfectado y picado

Mezcla todos los ingredientes en un tazón y refrigera 2 horas antes de servir.

** E (K/cal) - 7	Pt (g) - 0.1	A.GrSt(g) - 0.0
Col(mg) - 0.0	Az(g) - 1	Fb(g) - 0.1

Sopa de Tortilla

Rendimiento: 4 porciones · Tiempo de preparación: 20 min.

6 tortillas de maíz
1 cucharadita de aceite
1 cebolla en cubos
2 dientes de ajo
4 jitomates en cubos
1 chile pasilla sin semillas ni rabo
1 litro de caldo de pollo
2 hojas de epazote
4 rebanadas de aguacate en cubos (40 g)
1/2 taza de queso panela rallado
1/8 de cucharadita de sal

Separa 4 de las 6 tortillas. Las dos que restan córtalas en juliana y ponlas en un sartén sin grasa a fuego bajo hasta que se endurezcan y tomen una textura crujiente. Consérvalas por separado.

Ahora pon en un sartén el aceite, agrega la cebolla, ajo, jitomate y el chile pasilla, deja que las cebollas cambien de color y que el jitomate esté suave, en este momento agrega el caldo de pollo y el epazote, deja que hierva y agrega el resto de las tortillas cortadas en cuartos, baja el fuego a la mitad y conserva en el fuego tres minutos o hasta que las tortillas se suavicen. Retira del fuego, saca el epazote y licúa perfectamente. Vuelve a calentar la sopa, agrega la sal y sirve caliente, acompañada de las julianas de tortilla crujiente, el aguacate y queso panela rallado.

** E (K/cal) - 267   Pt (g) - 14   A.GrSt(g) - 5
Col(mg) - 32   Az(g) - 0.1   Fb(g) - 3

Sopa de Pimiento y Tocino

Rendimiento: 8 porciones · Tiempo de preparación: 20 minutos

2 cucharadas de aceite
1 diente de ajo picado
2 cucharadas de cebolla picada
2 rebanadas gruesas de tocino en cubos
2 pimientos rojos picados
2 tomates (jitomates) picados
1 rama de apio chica picada
6 tazas de caldo de vegetales
1 rama de tomillo
1 hoja de laurel
Un toque de sal y pimienta
2/3 de taza de queso parmesano
1 cucharadita de orégano

En una olla calienta aceite, ajo, cebolla y tocino, y deja que doren; agrega pimiento, tomate y apio, y mueve; retira el tocino y reserva. Licua el resto junto con el caldo, tomillo, laurel, sal y pimienta.
Deja que hierva y rectifica el sabor.
En un sartén con capa antiadherente esparce el queso y orégano, deja que dore y voltea; en cuanto tome un color dorado, retira y deja enfriar; corta en varios pedazos, sirve la sopa y acompaña con tocino y la costra de queso.

** E (K/cal) - 109	Pt (g) - 5	A.GrSt(g) - 9
Col(mg) - 10	Az(g) - 3	Fb(g) – 1

Caldo de Camarón Cantinero

Rendimiento: 8 porciones · Tiempo de preparación: 30 minutos

3 cucharadas de aceite de oliva
2 dientes de ajo picado
3 cucharadas de cebolla picada
3 chiles de árbol secos picados
2 zanahorias peladas en rebanadas
12 camarones grandes limpios con cáscara
1 taza de puré de tomate
2 chiles de árbol secos
1 hoja de laurel
1 rama de tomillo
3 tazas de caldo de pescado
Un toque de sal y pimienta

Calienta en una olla el aceite, agrega ajo, cebolla y chile, deja que tomen color y añade las zanahorias y los camarones, tírale el puré, chile, laurel y tomillo, y mueve un poco.
Incorpora el caldo, rectifica el sabor con sal y pimienta, deja hervir y sirve de inmediato. Acompaña con cebolla, chile y perejil picados.

** E (K/cal) - 152   Pt (g) - 17   A.GrSt(g) - 6
   Col(mg) - 113   Az(g) - 8   Fb(g) – 1

SOPA DE PALMITOS Y PIMIENTOS

Rendimiento: 4 porciones · Tiempo de preparación: 25 min.

1 1/2 pimientos amarillos escalfados
1 1/2 pimientos verdes escalfados
1 1/2 pimientos rojos escalfados
9 palmitos
1 1/2 tazas de caldo de vegetales
3 cucharaditas de vinagre de vino tinto
1 1/2 cucharaditas de aceite de oliva

Licúa por separado los pimientos y el palmito con con la tercera parte de cada uno del resto de los ingredientes.

** E (K/cal) - 117	Pt (g) - 5	A.GrSt(g) - 0.5
Col(mg) - 2	Az(g) - 0.0	Fb(g) – 3

CHOWDER (SOPA) DE ELOTE Y CHILE CHIPOTLE

Rendimiento: 4 porciones · Tiempo de preparación: 20 min.

1 cucharada aceite
1/2 cebolla en cubos
1 diente de ajo
1/4 de poro en cubos
1 1/2 tazas de granos de elote
1 cucharada de adobo de chile chipotle
3 tazas de caldo de pollo
1/2 taza de leche descremada
1/8 de cucharada de sal
1 cucharada de cilantro desinfectado y picado
c/s chile piquín

Pon el aceite en una olla y agrega la cebolla, ajo, poro y granos de elote, mueve constantemente hasta que los elotes tomen un color dorado claro, agrega el adobo de chile chipotle y el caldo de pollo, deja que hierva, licúalo y vuelve a vaciar en la olla, pero ahora agrégale la leche, revuelve y deja a fuego medio, hasta que hierva nuevamente, después sazona con sal y sirve caliente en los platos, puedes decorar con cilantro y chile piquín.

** E (K/cal) - 201	Pt (g) - 14	A.GrSt(g) - 0.0
Col(mg) - 0.0	Az(g) - 4	Fb(g) – 2

Sopa Hot and Sour

Rendimiento: 4 porciones · Tiempo de preparación: 30 min.

5 gotas de aceite de ajonjolí
2 cucharadas de cebolla picada
1 cucharadita de ajo picado
1 cucharadita de jengibre picado
6 tazas de caldo de vegetales
4 hojas de limón
1 1/2 chiles de árbol sin semillas
1 1/2 cucharadas de vinagre de arroz
2 cucharadas de miel de maíz
1/2 taza de tofú firme en cubos
1/2 taza de hongos shiitake rehidratados, rebanados, sin tallos
1 taza de espinacas lavadas y desinfectadas

Pon en una olla con unas gotas de aceite de ajonjolí, la cebolla, ajo y jengibre, agrega el caldo de vegetales y el resto de los ingredientes, menos la espinaca y el tofú, baja el fuego a la mitad, deja hervir 15 minutos, tírale las espinaca y el tofú.
Sirve muy caliente.

** E (K/cal) - 203	Pt (g) - 11	A.GrSt(g) - 0.8
Col(mg) - 7	Az(g) - 0.2	Fb(g) - 3

Sopa de Poro y Papa

Rendimiento: 4 porciones · Tiempo de preparación: 30 min.

1 cucharadita de aceite
1 taza de poro limpio y en rodajas
2 tazas de papas cortadas en cubos
5 tazas de caldo de vegetales
1/4 de cucharadita de pimienta negra molida
1 cucharadita de sal

Pon aceite en una olla y agrega el poro en rodajas, mueve constantemente y déjalo en la olla hasta que esté suave, en ese momento añade la papa y el caldo de vegetales, deja que llegue a ebullición, baja el fuego a medio y deja que reduzca el caldo 10 minutos o hasta que las papas estén suaves, agrega la pimienta negra y sal.

** E (K/cal) - 253	Pt (g) - 8	A.GrSt(g) - 0.5
Col(mg) - 6	Az(g) - 0.0	Fb(g) - 3

Los Principales

Pechugas de Pollo Rellenas de Espinacas con Tocino de Pavo y Queso Doble Crema

Rendimiento: 4 porciones · Tiempo de preparación: 30 min.

Éste es un platillo de excelente sabor y además rico en proteínas y hierro.

5 cucharaditas de aceite
4 rebanadas de tocino de pavo
1/2 cebolla picada
2 dientes de ajo picados
3 tazas de espinacas lavadas, desinfectadas
4 cucharaditas de queso doble crema
Sal y pimienta blanca al gusto
4 medias pechugas de pollo aplanadas y deshuesadas
1/2 taza de caldo de pollo

Calienta una cucharadita de aceite en un sartén y agrega el tocino, antes que el tocino cambie de color coloca en el sartén la cebolla y el ajo, mueve para evitar que se quemen el ajo y la cebolla, agrega las espinacas y baja el fuego a temperatura media. Vacía el queso en el sartén y revuelve, ahora rectifica el sabor con sal y pimienta blanca, retira del fuego, divide en cuatro porciones y reserva por separado.

Espolvorea las pechugas de pollo con sal y pimienta blanca, coloca una porción de la mezcla de espinacas sobre el centro de cada una de las pechugas y dobla como un sobre (dobla los extremos laterales hacia el centro, cubre con el extremo inferior el relleno y termina con el extremo superior encima del pollo que cubre la espinaca).

Barniza las pechugas de pollo con el resto del aceite y séllalas en un sartén previamente calentado, una vez selladas colócalas en un molde para horno, agrega el caldo de pollo dentro del recipiente, cubre con papel aluminio y mete al horno precalentado a (180°C) 350°F aproximadamenre 15 minutos. Sírvelas calientes.

** E (K/cal) - 74	Pt (g) - 2.96	A.GrSt(g) - 1.37
Col(mg) - 8	Az(g) - 0.59	Fb(g) - 1.49

Pollo Margarita al Grill

Rendimiento: 4 porciones · Tiempo de preparación: 3 horas 25 min.

Este plato principal es muy fácil de preparar. Tiene un balance de proteínas, vitaminas y minerales. El brócoli o brécol es fuente de vitaminas A y C, calcio, hierro y riboflavina, entre otros minerales. Es muy importante blanquearlo adecuadamente para evitar que pierda sus vitaminas y minerales.

Pollo:
1 taza de jugo de limón
1/2 cebolla blanca
2 dientes de ajo
3 cucharadas de aceite de oliva
1 1/2 onzas de tequila
Sal al gusto
Pimienta negra al gusto
10 limones
3 naranjas

4 medias pechugas de pollo
deshuesadas semi aplanadas

Puré de brócoli y ajos rostizados:
1 cabeza de ajo
1/2 cebolla
1 rama de tomillo fresco
6 cucharadas de aceite de oliva
4 tazas de brócoli blanqueado (320 g)
1 taza de yogurt natural
Sal y pimienta al gusto

Para preparar el pollo:
Licúa el jugo de limón, la cebolla, el ajo, el aceite de oliva y el tequila. Rectifica el sabor con sal y pimienta negra. Corta en rodajas los limones y las naranjas y marina junto con el pollo en la mezcla anterior al menos 30 minutos. Cocina las pechugas, limones y naranjas en una parrilla.

Para preparar el puré de brócoli:
Corta la parte superior de la cabeza de ajo, ponla sobre papel aluminio y vacía la mitad del aceite de oliva encima del ajo. Agrega las ramas de tomillo, envuelve con el papel aluminio la cabeza de ajo y mete al horno a 220°C hasta suavizar.
Saca la pulpa de los ajos y vacíala en la licuadora, agrega el aceite de oliva y el brócoli, licúa sólo unos segundos para que la textura sea pesada.
Vacía la mezcla en un sartén a fuego bajo, agrega el yogurt y rectifica el sabor con sal y pimienta.

TIP: Los alimentos se blanquean hirviéndolos en agua durante un tiempo muy breve, sumergiéndolos luego en agua helada hasta que estén totalmente fríos. La mayor parte de las verduras pueden blanquearse con éxito en agua hirviendo y otras al vapor, el cual mantiene mejor su forma, a la vez que hace que se conserven más sus nutrientes. El blanqueado inactiva enzimas que son responsables de la oxidación de los alimentos y sirve para dar textura y resaltar el color del alimento.

```
** E (K/cal) - 92   Pt (g) - 11.80   A.GrSt(g) - 0.46
   Col(mg) - 29   Az(g) - 0.11   Fb(g) - 1.06
```

Arañas de Pollo en Salsa Verde

Rendimiento: 8 porciones · Tiempo de preparación: 15 minutos

Para la salsa
10 tomates verdes
2 chiles serranos
1 taza de hojas de cilantro lavadas y desinfectadas
2 dientes de ajo
1/2 taza de caldo de pollo
Un toque de sal y pimienta
1 cucharada de aceite de canola

Para las arañas
3 huevos
1 pechuga de pollo cocida y deshebrada
1/2 cebolla fileteada finamente
Un toque de sal y pimienta
2 cucharadas de aceite de canola
1 aguacate en medias lunas
2 cucharadas de hojas de cilantro lavadas y desinfectadas
Arroz cocido para acompañar

Mezcla en tu licuadora todos los ingredientes de la salsa, pasa a un sartén y cocina a fuego bajo.

Separa los huevos y bate las claras a punto de turrón; una vez listas, mezcla en forma envolvente con las yemas ligeramente batidas.

Mezcla en un tazón el pollo, cebolla, sal y pimienta. Forma las arañas tomando un poco de la mezcla de pollo con tus manos, cúbrelas con la mezcla de huevo para capearlas y fríe en el aceite bien caliente.

Sirve las arañas de pollo con la salsa y arroz.

** E (K/cal) - 182	Pt (g) - 7	A.GrSt(g) - 13
Col(mg) - 80	Az(g) - 11	Fb(g) - 2

Pollo Agridulce Estilo Chino

Rendimiento: 4 porciones · Tiempo de preparación: 1 hora 35 min.

4 medias pechugas de pollo sin hueso y sin piel
Sal al gusto
1 cucharadita de ajinomoto
1 taza de vino de cocina chino
1/4 de taza de harina de trigo
1 cucharada aceite de oliva
1 cucharada de ajo
12 cebollas cambray
3 cucharadas de jengibre
4 cucharadas de pasta de tomate o puré de tomate
3 cucharadas de azúcar
2 cucharaditas de fécula de maíz
Salsa de soya baja en sodio, al gusto
2 cucharadas de harina de papa o de trigo
1 taza piña o fresas

Para preparar el pollo chino agridulce con fresas y piñas:
Corta el pollo en cubos. Marínalo con ajinomoto, sal y vino de cocina chino. Cubre el pollo con la harina de trigo para después saltear sin que lleguen a cocinarse al 100%. Retira el pollo del sartén y ahí mismo vacía el ajo picado, la cebolla y el jengibre hasta que cambien ligeramente de color. Luego agrega la pasta de tomate y el azúcar, el vinagre de arroz, las gotas de salsa de soya y la fécula de maíz mezclada con agua para darle consistencia a la salsa. Añade la piña o fresas y, por último, el pollo. Deja que se termine de cocinar y sirve.

TIP: **Ajinomoto (MSG)**, por su abreviación en inglés *monosodium glutamate* o glutamato monosódico en español, es un producto que se usa en la comida china para incrementar el sabor de los alimentos, te invito a que intentes usarlo a ver qué te parece el sabor.

** E (K/cal) - 109	Pt (g) - 13.61	A.GrSt(g) - 0.33
Col(mg) - 32	Az(g) - 3.80	Fb(g) - 0.80

Filete de Res Envuelto en Jamón Serrano o Prosciutto con Puré de Papa al Ajo

Rendimiento: 4 porciones · Tiempo de preparación: 45 min.

Te recomiendo este platillo para alguna ocasión especial, pues te aseguro que le va a encantar a tus invitados. Además es rico en proteínas y vitaminas del grupo B aportadas por la carne.

Filete:
4 medallones de filete de res (100 g c/u)
3 cucharadas de aceite de oliva
1/4 de cucharada de pimienta verde
1/4 de taza de tomillo fresco
2 dientes de echalote o cebolla picada
3 dientes de ajo picado
1/2 cucharadita de sal
4 rebanadas de jamón serrano o prosciutto
hilo de cáñamo 50 cm.

Salsa:
3 cucharadas de cebolla o echalote picado

tomillo fresco al gusto
4 champiñones enteros
1 lata de concentrado de res
1 taza de vino tinto

Puré de papa
4 papas cocidas
2 tallos de apio
3 dientes de ajo
2 cucharadas de aceite de oliva
1/2 taza de crema
1/4 de taza de caldo de pollo
12 espárragos blanqueados

Para preparar los medallones de res y la salsa:
Mezcla el aceite de oliva con la pimienta verde, hojas de tomillo, echalote, sal, ajos picados y úntalo en los medallones de res, envuelve los costados de los medallones con el jamón serrano, cúbrelos y refrigera mientras preparas la salsa.
Suda la cebolla o echalote, tomillo y champiñones para después agregar el concentrado de res y el vino tinto. Deja reducir una cuarta parte y rectifica el sabor si es necesario con sal y pimienta, licúa perfectamente y conserva por separado. Sella los medallones de res por los dos lados y termina la cocción en el horno precalentado a 180°C, hasta llegar al término deseado.

Puré de papa:
Blanquea las papas, apio y ajo. Licúa con la crema, aceite de oliva y caldo. Calienta y rectifica el sabor si es necesario con sal y pimienta. Sirve los medallones de res sobre los espárragos y acompaña con el puré de papa.

TIP: El prosciutto es un tipo de jamón crudo fino que es curado con una mezcla de sal, azúcar, nitratos, pimienta, nuez moscada y mostaza. Es empacado y guardado durante 10 días y el proceso se vuelve a repetir. Después de la maduración, los jamones son prensados, cocinados al vapor y masajeados con pimienta. Como el ingrediente básico es la carne, contiene los mismos elementos nutritivos pero en cantidades reducidas. Al envolver con jamón serrano o prosciutto la carne de res, durante la cocción en el horno la grasa que contiene el jamón se derrite y proporciona un sabor y textura únicos a tu carne.

** E (K/cal) - 70	Pt (g) - 4.29	A.GrSt(g) - 1.99
Col(mg) - 9	Az(g) - 1.04	Fb(g) - 1.94

Costillitas BBQ con 4 Chiles y Elotes Rostizados

Rendimiento: 4 porciones · Tiempo de preparación: 35 min.

¡¡¡Simplemente deliciosas!!!

Costillas:
20 costillas de cerdo
1 cebolla picada
6 cucharaditas de ajo picado
6 cucharaditas de chile jalapeño en vinagre, picado
4 cucharadas de aceite de oliva
1/2 cucharadita de orégano en polvo
1/2 cucharadita de semillas de cilantro
1/2 cucharadita de mostaza en polvo
2 cucharadas de adobo de chile chipotle
4 chiles guajillos hidratados
4 chiles pasilla hidratados

4 tazas de puré de tomate
4 tazas de vinagre de manzana
1 1/2 tazas de azúcar mascabado
1/2 taza de salsa inglesa
1 cucharadita de sal

Elotes rostizados:
4 elotes tiernos
1 taza de yogurt
1 1/2 tazas mayonesa baja en grasa
2 limones
Sal y pimienta al gusto

Para preparar las costillas:
Suda la cebolla, ajo y chiles jalapeños en un sartén con aceite hasta que las cebollas estén transparentes, agrega el adobo de chile chipotle y deja en el fuego 30 segundos.
Pon el puré de tomate en el sartén y baja el fuego a la mitad, moviendo constantemente 7 minutos aproximadamente.
Después, agrega el resto de los ingredientes, deja que hierva y reduzca (evapore) otros 15 minutos.
Retira del fuego y licúa. Unta las costillas y hornea a 180°C hasta que estén cocidas.
Barniza las costillas constantemente mientras se hornean.

Para preparar los elotes:
Pon el elote sobre papel aluminio, rocía con aceite de oliva, sal y pimienta. Revuelve el yogurt, mayonesa y limón para acompañar el elote.

** E (K/cal) - 162   Pt (g) - 5.67   A.GrSt(g) - 1.08
Col(mg) - 13   Az(g) - 11.89   Fb(g) - 1.71

EMPANADAS

Rendimiento: 16 porciones · Tiempo de preparación: 20 minutos

Para el relleno
2 cucharadas de aceite
2 dientes de ajo picado
2 cucharadas de cebolla morada picada
400g de carne molida de res
2 chiles chipotles adobados picados
1/2 taza de puré de tomate
Un toque de sal y pimienta
1 rama de tomillo
1 taza de queso manchego rallado

Para las empanadas
Harina, la necesaria
500g de pasta de hojaldre
2 yemas ligeramente batidas para barnizar

En un sartén calienta aceite, ajo y cebolla. Tírale la carne y cuando esté dorada, agrega los chiles, puré de tomate, sal, pimienta y tomillo; deja que se integren los sabores, añade el puré, sal, pimienta y tomillo, cocina 5 minutos más y tírale el queso manchego. Retira del fuego y deja enfriar.

Mientras, enharina tu superficie de trabajo, extiende la pasta con un rodillo, déjala de casi medio centímetro de grosor y corta círculos.

Precalienta tu horno a 180°C.

Coloca un poco del relleno en los círculos de pasta y barniza las orillas con yema; cierra por la mitad formando las empanadas, coloca en una charola de horno con papel aluminio y refrigera 30 minutos o congela 15 minutos.

Saca del refri o congelador y barniza con yema. Sella las orillas con un tenedor, mete a tu horno y estarán listas cuando tengan color dorado.

** E (K/cal) - 222	Pt (g) - 11	A.GrSt(g) - 9
Col(mg) - 75	Az(g) - 26	Fb(g) - 0

Camarones Empanizados con Costra de Chile y Ajonjolí

Rendimiento: 8 porciones · Tiempo de preparación: 20 minutos

16 camarones medianos, pelados y limpios
Un toque de sal y pimienta
2 chiles de árbol secos picados
1/4 de taza de ajonjolí
1/4 de taza de ajonjolí negro
4 cucharadas de pan molido
Harina, la necesaria
1 huevo ligeramente batido

Para la salsa
1 cucharada de aceite de oliva
1 cucharada de echalote picado
1/4 de taza de vino blanco
1/4 de taza de caldo de pollo
1/2 taza de mermelada de chabacano
1 cucharada de cebollín picado
Un toque de sal y pimienta

Dale sabor a los camarones con sal y pimienta, mezcla chile, ajonjolí y pan molido, pasa los camarones por harina, huevo y después por el tazón de ajonjolí; fríe en aceite bien caliente y quita el exceso de grasa con papel absorbente.

Mientras, en un sartén calienta aceite, añade echalote y vino, deja reducir y coloca el resto de los ingredientes de la salsa; deja que se integren los sabores y retira.

Sirve los camarones con esta salsa.

** E (K/cal) - 193	Pt (g) - 11	A.GrSt(g) - 8
Col(mg) - 84	Az(g) - 21	Fb(g) - 1

Callos o Vieras al Jengibre y Chile Serrano Sobre Jícama y Piñas Flameadas

Rendimiento: 4 porciones · Tiempo de preparación: 15 min.

El pisco es el aguardiente obtenido de la destilación del mosto de uva (jugo de uva).
El nombre pisco tiene origen peruano, proviene de un vocablo prehispánico (quechua) que significa "ave"
o "pájaro". Utilizado en una gran variedad de bebidas y platillos.

4 cucharadas de tallos de cilantro desinfectado
3 dientes de echalote
3 dientes de ajo
3 cucharadas de jengibre rallado
Chile serrano al gusto
2 cucharadas de aceite de oliva
1 jícama pelada y rebanada
16 espárragos cortados
4 rebanadas de piña en almíbar
24 callos de almeja o vieiras
Licor de pisco o tequila al gusto

Pica los tallos de cilantro, el echalote, el ajo, el jengibre y el chile serrano. Mezcla con el aceite de oliva.

Corta la jícama y la piña en rebanadas. Vacía en un tazón los espárragos, la jícama, los callos y la piña; cubre todos los ingredientes con la mezcla anterior, de cilantro y aceite de oliva, saltea en un sartén o wok hasta que los callos estén opacos y cocidos. Al final agrega con cuidado el licor de pisco, flamea, mientras mueves los ingredientes durante este proceso para que no se quemen. Sirve inmediatamente.

** E (K/cal) - 79	Pt (g) - 5.68	A.GrSt(g) - 0.35
Col(mg) - 33	Az(g) - 0.00	Fb(g) - 0.92

Atún Oriental Sellado a la Parrilla Sobre Salsa de Miso y Limón

Rendimiento: 4 porciones · Tiempo de preparación: 35 min.

El atún se considera como un pescado con grasas buenas, además constituye una buena fuente de vitamina D y proporciona proteínas, es rico en minerales y vitaminas. El miso es una pasta elaborada con soya, existen tres diferentes colores o tipos de miso, pero cualquiera de los tres queda muy bien en esta receta, aparte posee un gran contenido de proteínas.

5 cucharadas de echalote picado
5 cucharadas de jengibre picado
5 cucharadas de tallos de cilantro desinfectados y picados
3 cucharadas de aceite de oliva
4 medallones de atún
Sal y pimienta verde recién molida, al gusto
4 cucharadas de pasta de miso
1/4 de taza de jugo de naranja
1/2 taza de fondo o caldo de vegetales
3 cucharadas de jugo de limón

Para preparar el marinado:
Mezcla el echalote, el jengibre, el cilantro y el aceite de oliva, divide en dos y usa la mitad para marinar los medallones de atún con esta mezcla. Agrega sal y pimienta verde al gusto al atún.

Para preparar la salsa de miso y limón:
Saltea la otra mitad de la mezcla de echalote, jengibre y cilantro. Agrega el miso, el jugo de naranja, el fondo o caldo de vegetales y el jugo de limón, baja el fuego a la mitad y deja que reduzca, rectifica el sabor si es necesario con sal y pimienta.

Sella el atún y sirve acompañado de la salsa de miso.

** E (K/cal) - 137 Pt (g) - 12.14 A.GrSt(g) - 1.24
Col(mg) - 18 Az(g) - 0.63 Fb(g) - 0.77

Pescado en Salsa de Pimiento

Rendimiento: 4 porciones · Tiempo de preparación: 35 min.

1 cucharada de aceite de oliva
1 lata chica de pimientos morrones
2 cucharadas de cebolla picada
1 taza de caldo de pollo o de vegetales
2 cucharadas de queso crema
4 filetes de pescado blanco (160 g c/u)

Saltea el pimiento y cebolla con el aceite de oliva, agrega el caldo de pollo y el queso crema, cuando esté suave el queso crema licúa hasta integrar. Vacía en el sartén la salsa de pimientos y cocina el pescado en este mismo sartén.

** E (K/cal) - 77   Pt (g) - 10.31   A.GrSt(g) - 1.04
Col(mg) - 11   Az(g) - 0.16   Fb(g) - 0.18

Pescado Cajún con Ensalada de Jícama y Papas Cambray

Rendimiento: 4 porciones · Tiempo de preparación: 35 min.

El sazonador cajún es una mezcla de varias especias, generalmente incluye ajo, pimienta negra, mostaza, chile en polvo, comino, pimentón, tomillo, cebolla, aunque en el mercado existen algunas diferencias, dependiendo de la marca.

Cajún:
2 dientes de ajo
1/2 cebolla
Chile de árbol seco, al gusto
Orégano al gusto
3 granos de pimienta negra
1 cucharadita de páprika
1 cucharadita de mostaza en polvo
1/2 tallo de apio
Aceite de oliva al gusto
4 filetes de pescado blanco (120 g c/u)

Ensalada de jícamas y cebolla morada:
3 naranjas enteras
1/4 de taza de vinagre de manzana
1 cucharadita de orégano
1/4 de taza de aceite de oliva

Sal y pimienta al gusto:
1 jícama en bastones
1/2 cebolla morada en juliana
1 tallo de apio en juliana
Hojas de cilantro desinfectado, al gusto

Papas cambray:
4 anchoas picadas
12 papas cambray
2 huevos cocidos en agua
1 cucharada de mostaza
Vinagre al gusto
Ajonjolí negro al gusto
1 cucharada de perejil desinfectado, picado
3 cucharadas de aceite de oliva
2 echalotes picados
Pimienta blanca al gusto

Para preparar el pescado:
Pon en el procesador o licuadora el ajo, cebolla, chile de árbol, pimienta negra, páprika, mostaza en polvo, apio y orégano. Cubre los pescados con la mezcla anterior. Pon un poco de aceite en el sartén y cocina el pescado.

Para preparar la ensalada:
Exprime las naranjas, agrega el vinagre, orégano y aceite de oliva. Mezcla y rectifica el sabor con sal y pimienta. Agrega hojas de cilantro al gusto. Sirve la jícama, el apio y la cebolla con la vinagreta anterior.

Para preparar las papas cambray:
Pica las anchoas. Blanquea las papas en agua con sal. Retira las cáscaras del huevo, parte por la mitad y separa las claras de las yemas. Pica las yemas finamente y mézclalas con las anchoas, mostaza, vinagre, ajonjolí, perejil, aceite de oliva y echalote, rectifica el sazón con pimienta blanca.

TIP: Puedes utilizar pescados blancos como la tilapia, real del pacífico, cazón, blanco de nilo, huachinango, lenguado o robalo.

** E (K/cal) - 82	Pt (g) - 4.93	A.GrSt(g) - 0.71
Col(mg) - 18	Az(g) - 0.57	Fb(g) - 1.04

ATÚN A LA PLANCHA

Rendimiento: 4 porciones · Tiempo de preparación: 20 minutos

3 cucharadas de aceite de oliva
2 cucharaditas de salsa de soya baja en sodio
3 cucharadas de cebolla picada
2 cucharadas de chile morita picado
2 cucharadas de ajonjolí
1 cucharada de jengibre picado
Un toque de sal y pimienta
4 lonjas de atún fresco (180g)

Para acompañar
1 tazón de arúgula lavada y desinfectada
1/2 mango limpio en láminas
1 cucharada de ajonjolí tostado

Mezcla en un tazón aceite, salsa de soya, cebolla, chile, ajonjolí, jengibre, sal y pimienta. Marina las lonjas de atún durante unos minutos.
Calienta la plancha y cocina las lonjas, dora por ambos lados sin sobrecocinar y sirve con los acompañamientos.

** E (K/cal) - 396 Pt (g) - 44 A.GrSt(g) - 21
Col(mg) - 68 Az(g) -8 Fb(g) - 1

Mejillones a la Cerveza y Azafrán

Rendimiento: 4 porciones · Tiempo de preparación: 30 min.

Los mejillones son ricos en proteínas y minerales. Casi no contienen grasa, colesterol o calorías. El azafrán proviene de unas flores que producen filamentos que se recogen a mano y luego se secan. Sazona y da color a los platillos. ¡La cerveza le da un sabor sensacional!

48 mejillones
3 cucharadas de aceite de oliva extra virgen
1/2 cebolla
3 cucharadas de ajo
4 jitomates
1 hoja de laurel
5 g de azafrán
Hojuelas de chile rojo al gusto
4 tazas de cerveza clara
1/4 de taza de jugo de limón
1 taza de fondo o caldo de vegetales

Para preparar los mejillones:
Enjuaga los mejillones en agua corriente. Saltea la cebolla, ajo, jitomate y laurel hasta que se suavice el jitomate. Disuelve el azafrán en agua tibia y agrégalo al fuego con el jitomate, después los mejillones y revuelve. Vacía las hojuelas de chile, cerveza, jugo de limón y fondo de vegetales al fuego con los mejillones, deja cocinar hasta que los mejillones se abran.

Puedes colar los líquidos y licuarlos para después rectificar el sabor y servir con los mejillones.

TIP: Si no tienes azafrán te recomiendo lo sustituyas con cúrcuma en polvo, de esta forma le darás un aroma y sabor muy agradable.

** E (K/cal) - 79 Pt (g) - 4.38 A.GrSt(g) - 0.60
Col(mg) - 9 Az(g) - 0.91 Fb(g) - 0.53

ATÚN CUBIERTO DE AJONJOLÍ

Rendimiento: 5 porciones · Tiempo de preparación: 20 min.

1 lomo de atún (500 g)
3 cucharadas de salsa de soya baja en sodio
3 cucharadas de jugo de limón
1 naranja
1 cucharada de aceite de oliva

1 yema de huevo
2 cucharadas de pimienta de cayena
1 1/2 tazas de ajonjolí blanco
1/2 taza de ajonjolí negro (opcional)

Pon a marinar el atún en un recipiente con la salsa de soya, jugo de limón, jugo de naranja y aceite de oliva, 20 minutos aproximadamente.

Bate la yema de huevo con 1/2 taza de agua, vacía en una charola la pimienta de cayena, el ajonjolí blanco y el negro, pasa el atún por el batido y después cubre con la mezcla de ajonjolí y pimienta.

Pon aceite en un sartén y a temperatura media pon el atún a cocer por todos sus lados retirándolo antes de que cambie de color el ajonjolí claro.

** E (K/cal) - 555	Pt (g) - 42	A.GrSt(g) - 4
Col(mg) - 99	Az(g) - 0.6	Fb(g) - 8

CAMARONES RELLENOS DE ESPINACAS CON TOCINO Y QUESO CREMA

Rendimiento: 4 porciones · Tiempo de preparación: 15 min.

4 rabanadas de tocino de pavo picado (50 g)
1 diente de ajo picado
1 taza de espinacas desinfectadas en juliana
1/4 de taza de vino blanco
1/2 barra de queso crema
12 camarónes gigantes U12 sin cáscara

Pon a calentar un sartén y vacíale el tocino picado y el ajo, ya que se haya cocinado (1 minuto) agrégale espinacas, el queso crema y el vino blanco, baja el fuego a la mitad y deja que se suavice el queso crema.

Corta los camarones en mariposa (haz un corte a todo lo largo del camarón por la parte baja sin llegar al otro extremo), una vez abiertos aplánalos y rellénalos con la mezcla de espinacas y tocino, envuelve en papel transparente y métetelos a una olla con agua en ebullición 4 minutos, retíralos del agua desenvuélvelos y sírvelos. Puedes acompañar con el aderezo que más te guste.

** E (K/cal) - 172	Pt (g) - 9	A.GrSt(g) - 7
Col(mg) - 75	Az(g) - 0.1	Fb(g) - 0.4

SALMÓN EN SALSA DE JAMAICA

Rendimiento: 4 porciones · Tiempo de preparación: 20 minutos

Para la salsa
1 cucharada de aceite de oliva
1 echalote picado
1 cucharada de tallos de cilantro lavados, desinfectados y picados
1/2 taza de hojas de jamaica hidratadas y picadas
1 cucharada de vinagre balsámico
1 cucharada de azúcar
Un toque de sal y pimienta

Para el pescado
2 cucharadas de aceite de oliva
4 lonjas de salmón (180g c/u aprox.)
Un toque de sal y pimienta

Calienta en un sartén aceite y saltea todos los ingredientes. Reserva.
Ahora, cocina el salmón por ambos lados y dale sabor con sal y pimienta. Tomará un color rosado opaco.
Sirve el salmón y baña con un poco de salsa de jamaica. Acompaña con una ensalada fresca.

** E (K/cal) - 444	Pt (g) - 42	A.GrSt(g) - 29
Col(mg) - 100	Az(g) - 4	Fb(g) – 0

Piña Rellena de Camarones

Rendimiento: 4 porciones · Tiempo de preparación: 30 min.

1 litro de agua	1 cucharadita de ajo picado
2 hojas de laurel	1/2 chile serrano picado sin semillas
20 camarones medianos pelados y limpios	2 cucharadas de jugo de limón
2 piñas chicas	1 cucharadita de cilantro desinfectado y picado
1 cucharadita de aceite	1/4 de cucharadita de sal
2 cucharadas de echalote picado	1/8 de cucharadita de pimienta de cayena (opcional)

Vacía en una olla a fuego alto el agua y las hojas de laurel, una vez que hierva el agua mete los camarones, baja el fuego a la mitad y deja los camarones dentro un minuto o hasta que cambien de color y estén firmes.
Lava perfectamente las piñas, córtalas a la mitad con todo y las hojas.
Retira la pulpa de la fruta y córtala en cubos.
Pon el aceite en un sartén y agrega el echalote, ajo y chile serrano, saltea estos ingredientes y agrega la piña picada. Deja en el fuego dos minutos moviendo regularmente e incorpora al sartén los camarones, el jugo de limón y el cilantro picado, baja el fuego a la mitad y deja que reduzcan los líquidos un poco, agrega la sal y pimienta de cayena y sirve dentro de las piñas.

> ** E (K/cal) - 214   Pt (g) - 13   A.GrSt(g) - 0.2
> Col(mg) - 74   Az(g) - 0.0   Fb(g) - 4

Pescado al Vapor en Salsa de Cítricos

Rendimiento: 4 porciones · Tiempo de preparación: 30 min.

2 litros de agua
1 taza de jugo de naranja
1 cáscara de naranja
2 hojas de laurel
4 lonjas de filete de mero o huachinango (160 g c/u)

Coloca en una vaporera el agua y la mitad del jugo de naranja, la cáscara de naranja y el laurel a fuego alto.
Una vez que llegue a ebullición coloca sobre la base con perforaciones el pescado previamente marinado en la otra mitad de jugo de naranja y (sin que se moje) tapa la olla y deja el pescado 15 minutos aproximadamente o hasta que se cocine.
Retira los pescados de la olla y báñalos con la salsa de cítricos.

> ** E (K/cal) - 195   Pt (g) - 33   A.GrSt(g) - 0.3
> Col(mg) - 40   Az(g) - 0.0   Fb(g) - 0.0

Tacos de Pollo al Achiote

Rendimiento: 16 porciones · Tiempo de preparación: 25 minutos

3 cucharadas de achiote
1 taza de jugo de naranja
1 pechuga de pollo sin piel a la mitad
1 hoja de plátano limpia

Para los tacos
16 tortillas de maíz
Aceite para freír
Papel absorbente

Para servir
2/3 de taza de crema
1 taza de lechuga italiana picada
2/3 de taza de queso panela rallado
1/2 cebolla morada en julianas

Mezcla en un tazón achiote y jugo de naranja, incorpora bien, agrega el pollo al tazón y cubre completamente con toda la mezcla.

En una vaporera acomoda cuadros de hoja de plátano y pon encima el pollo (puedes cubrir con un poco del líquido de la marinada), coloca encima hojas de plátano y tapa tu vaporera; deja a fuego medio hasta cocinar completamente el pollo.

Retira de tu vaporera y deshebra con ayuda de dos tenedores para que no te quemes, forma tacos con las tortillas y dora ligeramente en aceite caliente, pasa a papel absorbente y sirve con un poco de crema, lechuga, queso panela y cebolla morada.

```
** E (K/cal) - 166   Pt (g) - 8   A.GrSt(g) - 8
   Col(mg) - 20   Az(g) - 17   Fb(g) – 0
```

Pollo al Curry

Rendimiento: 1 porción · Tiempo de preparación: 15 min.

1 cucharadita de aceite
8 cebollas cambray picadas
1 cucharadita de ajo
1 manzana roja o verde en cubos
1 1/2 cucharadas de curry en polvo
1 taza de caldo de pollo

1 taza de leche sin grasa
4 medias pechugas de pollo deshuesadas,
sin piel, cortadas en mariposa
2 cucharadas de jugo de limón

Pon aceite en un sartén, agrégale la cebolla, el ajo y la manzana, deja el sartén en el fuego medio dos minutos y después agrega el curry en polvo disuelto en el caldo de pollo, moviendo repetidamente, agrega la leche, deja en el fuego hasta que tome un textura más pesada.

Pon las pechugas en otro sartén previamente engrasado con aceite y agrégale a las pechugas, el jugo de limón y déjalas en el fuego aproximadamente 4 minutos de cada lado o hasta que estén cocidas y sírvelas con el curry.

```
** E (K/cal) - 314   Pt (g) - 44   A.GrSt(g) - 0.6
   Col(mg) - 93   Az(g) - 0.0   Fb(g) – 2
```

Rollo de Pollo con Surimi de Cangrejo

Rendimiento: 4 porciones · Tiempo de preparación: 20 min.

1 taza de surimi de cangrejo picado
1/2 taza de espinacas desinfectadas, en juliana
2 cucharadas de cebolla picada
2 cucharadas de mayonesa light

2 cucharadas de jugo de limón
1/4 de cucharada de salsa de soya baja en sodio
1/4 de cucharadita de sal
4 medias pechugas de pollo sin piel, aplanadas

Pon el surimi de cangrejo, las espinacas, cebolla, mayonesa, jugo de limón, salsa de soya y la mitad de la sal en un tazón y mézclalos.
Corta 4 cuadros de papel aluminio de mayor tamaño que el de las pechugas de pollo.
Coloca encima de cada uno media pechuga aplanada y divide en cuatro porciones el surimi. Espolvorea las pechugas con sal y sirve cada una de las porciones de surimi en uno de los extremos de las pechugas para después enrollarlas con el papel aluminio, como si envolvieras un caramelo.
Pon a hervir 2 litros de agua en una olla, una vez que hierva mete las pechugas de pollo a la olla 15 minutos.
Retíralas, caliéntalas en un sartén para que doren, corta ambos extremos y una vez más al centro en diagonal, retira el papel aluminio. Acompaña con salsa de cilantro y limón.

```
** E (K/cal) - 271   Pt (g) - 47   A.GrSt(g) - 0.5
   Col(mg) - 110   Az(g) - 0.1   Fb(g) - 0.4
```

NUEVO SALPICÓN DE RES

Rendimiento: 4 porciones · Tiempo de preparación: 20 min.

4 cucharadas de aceite de oliva	2 tazas de carne cocida y deshebrada
2 cucharaditas de mostaza	1/4 de cebolla morada en plumas
2 cucharadas de salsa inglesa	4 zanahorias ralladas
1/4 de taza de vinagre de manzana o balsámico	1/2 chiles serranos en juliana
1/4 de cucharadita de sal	1 taza de lechuga romana
1/4 de cucharadita de pimienta negra	1/2 taza de queso panela rallado

Vacía en un tazón el aceite de oliva, agrega la mostaza y la salsa inglesa. Mezcla con un batidor de globo o tenedor e incorpora poco a poco el vinagre revolviendo constantemente hasta integrar todos los ingredientes. Finaliza rectificando el sabor con sal y pimienta.

Vacía dentro del tazón el resto de los ingredientes revolviendo de manera que la vinagreta se distribuya entre todos los ingredientes, mete a refrigerar al menos diez minutos y sirve frío.

```
** E (K/cal) - 296   Pt (g) - 33   A.GrSt(g) - 4
   Col(mg) - 68   Az(g) - 0.0   Fb(g) - 2
```

SÁBANAS DE RES CON CUBIERTA DE QUESO PANELA AL AJILLO

Rendimiento: 4 porciones · Tiempo de preparación: 15 min.

1 cucharadita de aceite	1/4 de cucharadita de sal
1 diente de ajo picado	4 sábanas de filete de res (140 g c/u)
1 chile guajillo sin semilla en juliana	1 taza de queso panela rallado
1 cucharadita de jugo de limón	

Calienta un sartén con aceite, agrega ajo y chile guajillo, saltéalos un minuto, agrega el jugo de limón y deja que se reduzca a la mitad, reservándolo en un recipiente.

Espolvorea la carne con sal y agrega nuevamente aceite en el mismo sartén y cocina las carnes, ya que se hayan cocinado divide en partes iguales la mezcla de ajo con chile guajillo y limón y sírvela en cada una de las carnes, agrega el queso panela también a cada una de las carnes y sírvelas.

```
** E (K/cal) - 235   Pt (g) - 40   A.GrSt(g) - 5
   Col(mg) - 89   Az(g) - 0.0   Fb(g) - 0.0
```

Fajitas de Pollo Caramelizadas

Rendimiento: 8 porciones · Tiempo de preparación: 15 minutos

3 cucharadas de aceite de canola
2 dientes de ajo picado
2 chiles de árbol secos picados
1/4 de cebolla morada en julianas
1/2 pechuga ligeramente aplanada en tiras
2 cucharadas de mermelada de naranja
Un toque de sal y pimienta
1/2 pimiento verde en julianas
1/2 pimiento rojo en julianas
1/2 pimiento naranja en julianas
1/2 taza de queso manchego rallado

Para servir
1/4 de taza de hojas de cilantro lavadas y desinfectadas
Tortillas taqueras, al gusto

Mezcla en un tazón aceite, ajo, cebolla, pollo, mermelada de naranja, sal y pimienta, pasa a un sartén bien caliente, deja que doren un poco y añade los pimientos; termina de cocer, retira del fuego, tírale el queso y sirve con cilantro y tortillas.

** E (K/cal) - 143	Pt (g) - 7	A.GrSt(g) - 9
Col(mg) - 33	Az(g) - 10	Fb(g) – 1

Pechuga de Pollo Rellena de Queso de Cabra (o Requesón) y Jitomate

Rendimiento: 4 porciones · Tiempo de preparación: 25 min.

1 cucharadita de aceite
2 dientes de ajo picado
4 cucharadas de jitomate picado
1 lata (225 g) de granos de elote
1 cucharada de albahaca picada
2 cucharadas de requesón o queso de cabra

4 medias pechugas de pollo deshuesadas,
sin piel, aplanadas
1/4 de cucharadita de sal
1/2 cucharadita de pimienta negra
4 cuadros de papel aluminio

Pon el aceite en un sartén, agrégale el ajo y mueve constantemente para evitar que se oscurezca, añade el jitomate, los granos de elote, deja en el fuego un par de minutos, o hasta que el elote tome un color dorado, en este momento agrega albahaca picada y deja en el fuego unos segundos más, retira del fuego y pon el queso de cabra (o requesón), divide en cuatro y conserva por separado. Sazona las pechugas de pollo con sal y pimienta negra por los dos lados. Coloca las pechugas de pollo sobre el papel aluminio y sirve sobre un extremo de cada una de las pechugas una porción del relleno que acabas de hacer. Dobla los extremos de la pechuga hacia el centro para formar un rectángulo o cuadrado, ahora cubre con el aluminio doblando de igual forma. En una olla con agua hirviendo vacía las pechugas de pollo envueltas en aluminio y deja dentro del agua 20 minutos o hasta que se cocinen.

La cocción puede ser en horno, sólo que barniza con aceite las pechugas para evitar que se peguen al papel.

** E (K/cal) - 241	Pt (g) - 40	A.GrSt(g) - 0.5
Col(mg) - 98	Az(g) - 3	Fb(g) – 1

Albóndigas de Pavo

Rendimiento: 4 porciones · Tiempo de preparación: 25 min.

1 media pechuga de pavo deshuesada, sin piel, molida
4 cucharadas de cebolla picada
3 cucharadas de cilantro desinfectado y picado
3 claras de huevo

1/4 de taza de cereal de maíz molido
1/4 de cucharadita de sal
1/4 de cucharadita de pimienta negra molida
4 tazas de salsa verde al chipotle

Vacía el pavo molido en un tazón y agrégale la cebolla, cilantro, claras de huevo y el cereal molido, mezcla estos ingredientes perfectamente. Pon la sal y pimienta negra y revuelve nuevamente. Divide en 8 porciones la carne (haz 8 pelotitas), conserva en refrigeración. Mientras pon a hervir la salsa y baja el fuego a la mitad y mete las albóndigas a la salsa procurando que las cubra por completo, deja en el fuego hasta que se cuezan, te sugiero acompañarlas con arroz.

** E (K/cal) - 286	Pt (g) - 44	A.GrSt(g) - 0.0
Col(mg) - 74	Az(g) - 0.0	Fb(g) – 5

RIGATONI CON TOMATES DESHIDRATADOS

Rendimiento: 8 porciones · Tiempo de preparación: 15 minutos

Para el pollo
1 chile chipotle adobado
1 chile guajillo sin venas, hidratado y asado
1/2 cebolla asada
2 dientes de ajo asados
1 cucharadita de orégano seco
1 cucharada de aceite de oliva
1 cucharada de vinagre
1/4 de taza de endulzante sin calorías
1 pechuga de pollo limpia, deshuesada y en cubos medianos

Para la pasta
1 taza de puré de tomate
300g de rigatoni cocidos al dente
1 taza de tomates deshidratados
1/4 de taza de hojas de cilantro lavadas y desinfectadas

Mezcla en tu licuadora los chiles, cebolla, ajo, orégano, aceite de oliva, vinagre y el endulzante. Marina los cubos de pollo en este adobo y ásalos en un sartén bien caliente hasta que estén cocidos.
Aprovecha lo que te sobró de adobo para hacer la salsa de la pasta, colócalo en un sartén a fuego medio y mezcla con el puré de tomate. Agrega la pasta, los tomates deshidratados y los cubos de pollo. Calienta 5 minutos y sirve con las hojas de cilantro frescas.

12** E (K/cal) - 162	Pt (g) - 45	A.GrSt(g) - 5
Col(mg) - 18	Az(g) - 19	Fb(g) - 2

Espagueti a la Boloñesa Mexicanizado

Rendimiento: 6 porciones · Tiempo de preparación: 25 minutos

Para la boloñesa
1 cucharada de aceite de canola
2 dientes de ajo picado
1/4 de cebolla picada
250g de carne de res molida
8 tomates (jitomates) picados
1 taza de zanahoria en cubos chicos y blanqueada
2 chiles poblanos en rajas
1 cucharada de cilantro lavado, desinfectado y picado
Un toque de sal y pimienta

Para el espagueti
1 1/2 paquetes de espagueti (400 g)
Agua hirviendo, la necesaria
Un toque de sal

Calienta el aceite en un sartén, saltea ajo, cebolla y la carne hasta que ésta tenga color dorado. Tírale tomates y zanahorias y cocina hasta que los tomates cambien de color. Agrega las rajas de poblano y sube el sabor con cilantro, sal y pimienta.
Mientras, pon a cocer el espagueti en una olla con agua y sal hasta que esté al dente.
Sirve en un plato hondo una porción de espagueti y vierte la boloñesa a la mexicana.

** E (K/cal) - 410   Pt (g) - 24   A.GrSt(g) - 5
Col(mg) - 37   Az(g) - 67   Fb(g) – 1

PECHUGAS DE POLLO EN MOLE

Rendimiento: 4 porciones · Tiempo de preparación: 30 min.

2 chiles anchos, sin semillas ni rabo
2 chiles pasilla, sin semillas ni rabo
1/4 de de cebolla en cubos
1 diente de ajo
1/4 de taza de ajonjolí
2 jitomate sin semillas
1/2 litro de caldo de pollo

2 cucharadas de cocoa
1/2 cucharadita de sal
1/8 de cucharadita de canela en polvo
1/4 de cucharadita de pimienta
1 cucharadita de aceite
2 medias pechugas de pollo deshuesadas

Pon en un sartén los chiles y déjalos en el fuego un minuto de cada lado, agrega las cebollas y ajo dejando en el fuego hasta que comiencen a cambiar de color, pon el ajonjolí y mueve constantemente, cubre con una tapa, pues el ajonjolí comenzará a brincar (no dejes que se queme), agrega el jitomate y continúa moviendo el sartén, cuando se suavicen los jitomates tírale el caldo de pollo y la cocoa al sartén.

Deja en el fuego dos minutos para después licuar perfectamente hasta obtener una textura tersa, rectifica el sabor con la mitad de la sal y la canela, conserva caliente.

Pon el aceite en un sartén, espolvorea con el resto de la sal y con la pimienta las pechugas y cocínalas en el sartén, cubre con el mole y sirve acompañado de arroz al vapor.

** E (K/cal) - 213	Pt (g) - 24	A.GrSt(g) - 0.8
Col(mg) - 46	Az(g) - 0.1	Fb(g) - 2

POLLO EN SALSA BARBECUE

Rendimiento: 6 porciones · Tiempo de preparación: 10 min.

1 cucharadita de aceite
2 dientes de ajo picado
3 medias pechugas de pollo deshuesadas, sin piel
1 taza salsa barbecue (ver receta)

En un sartén calienta aceite y agrega el ajo picado, deja que comience a cambiar de color y añade el pollo cambiando de lado para que se cueza de manera uniforme, cuando se hayan cocinado baña las pechugas con la salsa.

** E (K/cal) - 138	Pt (g) - 20	A.GrSt(g) - 0.3
Col(mg) - 46	Az(g) - 0.0	Fb(g) - 0.2

Fajitas de Res al Ajonjolí

Rendimiento: 4 porciones · Tiempo de preparación: 25 min.

2 cucharadas de vinagre de arroz o blanco	2 cucharadas de ajonjolí blanco
1 diente de ajo picado	1 cucharadita de aceite
1 cucharada de jugo de limón	2 fajitas de res (460 g)
5 gotas de salsa picante	1/2 pimiento amarillo
1/8 de cucharadita de jengibre picado	1/2 pimiento rojo en juliana
1 cucharada de salsa de soya baja en sodio	10 cebollas cambray
2 cucharadas de miel de maíz	1 lata chica de champiñones fileteados

Vacía en un tazón el vinagre de arroz, ajo, jugo de limón, salsa picante, jengibre, salsa de soya y miel de maíz, mezcla perfectamente todos estos ingredientes y conserva por separado en temperatura fresca.

Ahora en sartén a fuego medio pon el ajonjolí, sin dejar que se obscurezca. Retira del fuego y conserva por separado.

Pon aceite en un sartén y agrega la carne, mueve constantemente, mientras añades los pimientos y cebolla cambray; antes de que la carne esté completamente cocida, agrega los champiñones y deja en el fuego un minuto más mientras continúas moviendo todos los ingredientes.

Añade la salsa que hiciste al principio, baja el fuego y deja que se evapore la salsa a la mitad, retira del fuego y espolvorea el ajonjolí encima de cada una de las porciones.

> ** E (K/cal) - 223   Pt (g) - 30   A.GrSt(g) - 2
> Col(mg) - 54   Az(g) - 0.1   Fb(g) - 2

Filete de Res con Salsa de Chile Ancho

Rendimiento: 4 porciones · Tiempo de preparación: 15 min.

2 cucharaditas de aceite	1/4 de cucharadita de sal
1 cucharada de ajo picado	1/4 de cucharadita de pimienta negra
4 filetes de res en medallones (140 g c/u)	1 taza de salsa de chile ancho

Barniza una charola o refractario con aceite, agrega el ajo, la carne y espolvorea la carne con sal y pimienta.

Ahora pon a calentar un sartén y sella cada uno de los medallones de carne por ambos lados procurando dejarlos en el fuego hasta que tengan un color ligeramente oscuro.

Retira del sartén los trozos de carne y colócalos nuevamente en el refractario para meter al horno a 190°C 8 minutos.

Sirve los medallones con la salsa de chile ancho.

> ** E (K/cal) - 207   Pt (g) - 35   A.GrSt(g) - 2
> Col(mg) - 66   Az(g) - 0.0   Fb(g) - 0.9

LOMO DE CERDO EN SALSA DE FRUTAS

Rendimiento: 8 porciones · Tiempo de preparación: 40 minutos

Para el lomo
1 lomo de cerdo (de 1kg) limpio
Un toque de sal y pimienta
3 cucharadas de aceite
3 dientes de ajo picados
5 cucharadas de cebolla picada
2 tazas de caldo de pollo
1 taza de jugo de naranja
1 taza de ciruelas pasas deshuesadas
2 rebanadas de piña en almíbar
1 chile chipotle adobado

Para acompañar
1 taza de germinado de soya
1 taza de germinado de alfalfa
1 taza de tomates (jitomates) cherry
4 tejocotes deshuesados en cuartos
Aceite de oliva al gusto
1 limón (el jugo)
Un toque de sal y pimienta

Dale sabor al lomo con sal y pimienta; calienta aceite en una olla de hierro, agrega ajo, cebolla y sella el lomo por todas partes.

Mientras, pon en tu licuadora caldo de pollo con el resto de los ingredientes, vacía sobre la olla donde está el lomo, dale un toque más de sal y pimienta y tapa; deja cocinar hasta que el líquido reduzca y el lomo esté perfectamente cocido.

Para el acompañamiento mezcla todos los ingredientes y coloca en un tazón al momento de llevar el lomo a tu mesa.

** E (K/cal) - 343	Pt (g) - 28	A.GrSt(g) - 17
Col(mg) - 82	Az(g) - 20	Fb(g) - 1

POLLO RELLENO DE MANZANAS, PIÑA Y QUESO

Rendimiento: 4 porciones · Tiempo de preparación: 50 min.

1 cucharada de mantequilla
1 taza de manzana roja en cubos chicos
1 taza de piña en almíbar cortada en cubos chicos
4 medias pechugas de pollo aplanadas y sin hueso
Sal y pimienta
400 g de queso manchego en rebanadas
1 cucharada de aceite
1 cucharadita de mantequilla

Pon la mantequilla en un sartén caliente, saltea la manzana y la piña, extiende las pechugas y dales sabor con sal y pimienta, coloca 2 rebanadas de queso manchego en cada pechuga y unas cucharadas de la fruta ya cocinada, enróllalas evitando que se salga el relleno; te recomiendo que las cierres formando un sobre o con ayuda de palillos; en un sartén vacía el aceite y sella las pechugas por los dos lados hasta que doren un poco, esto significa que sólo debes cocinar la parte externa del pollo, lo cual evitará que la carne pierda sus jugos durante la cocción. Engrasa un molde para horno con mantequilla y acomoda las pechugas ya rellenas en el molde y mételas a 180°C aproximadamente 15 minutos o hasta que estén perfectamente cocinadas.

** E (K/cal) - 880   Pt (g) - 66.5   A.GrSt(g) - 26.2
Col(mg) - 245   Az(g) - 8.5   Fb(g) – 1.3

Postre Helado de Frutas y Yogurt

Rendimiento: 4 porciones · Tiempo de preparación: 35 min.

Este postre complementa una comida saludable, ya que es bajo en grasa pero, energético y rico en vitaminas aportadas por las frutas y nuez utilizadas.

3/4 de taza de uvas sin semillas
1 manzana roja
1 manzana verde
1/3 de taza de fresas

1/2 taza de yogurt natural
1/2 taza de queso cottage
1 cucharadita de miel de abeja
3/4 de taza nuez

Para preparar el postre helado:

Corta las uvas por la mitad y las manzanas y fresas en láminas.

Forra un molde de panqué rectangular con papel aluminio, en el fondo acomoda las láminas de manzana, fresas y las uvas.

Por separado tuesta las nueces en un sartén, pícalas y deja enfriar.

Licúa el yogurt, queso cottage y miel de abeja. Agrega la nuez, revuelve y vacía en el molde.

Congela durante tres horas aproximadamente o hasta que esté firme.

Para desmoldar voltea el molde sobre un platón, cuando el postre caiga al platón retira el papel aluminio y disfruta de este postre.

** E (K/cal) - 108	Pt (g) - 3.03	A.GrSt(g) - 0.89
Col(mg) - 3	Az(g) - 4.55	Fb(g) - 2.29

Postre Helado de Café

Rendimiento: 4 porciones · Tiempo de preparación: 1 hora 15 min.

2/3 de taza de cereal de trigo o salvado
1/3 de taza de chocolate semi-amargo rallado
1/3 de taza de chocolate blanco rallado
2 1/2 tazas de crema para batir

2 1/2 cucharadas de azúcar
1 clara de huevo
3 cucharadas de café soluble
Licor de café al gusto (opcional)

Muele ligeramente el cereal y conserva por separado. En un tazón mezcla la crema con la mitad del azúcar y bate hasta montar. Ahora diluye en un cuarto de taza con agua el café soluble y mezcla de manera envolvente la crema con el café. Monta las claras de huevo con el resto del azúcar.

Forra un molde para panqué con papel aluminio, espolvorea para cubrir la base del molde con el chocolate oscuro rallado de manera uniforme y vacía la mitad de la crema con café sobre el chocolate rallado.

Cubre esta mezcla con el cereal molido de manera uniforme, ahora vacía la otra mitad de la crema con café sobre el cereal y cubre de manera uniforme con el chocolate blanco rallado.

Por último tapa con papel aluminio y mete al congelador hasta que esté firme.

** E (K/cal) - 486	Pt (g) - 8.8	A.GrSt(g) - 23.9
Col(mg) - 87	Az(g) - 32.4	Fb(g) - 4.1

Sopa de Coco y Plátanos

Rendimiento: 4 porciones · Tiempo de preparación: 25 min.

Una mezcla peculiar de sabores, el coco proporciona fibra y el plátano es una fuente excelente de vitamina B6 y potasio.

1/2 cucharada de mantequilla
2 cucharadas de azúcar
1/2 cucharadita de canela
2 plátanos tabasco
1 taza de agua
1 taza de coco rallado
Tela manta de cielo
1 tallo de té limón
2 cucharadas de jarabe de maíz
Sal al gusto

Para preparar la sopa de coco y plátanos:
Precalienta el horno a 180°C. Derrite la mantequilla y agrega el azúcar dejando que cambie ligeramente de color. Luego añade la canela y deja a fuego bajo hasta que se integre.
Barniza los plátanos y métulos al horno alrededor de 10 minutos. Corta los plátanos en rodajas no muy delgadas.

Pon a hervir el agua y agrega el coco, té limón y jarabe de maíz, retira con un colador el coco y ponlo en la tela, comprímelo y saca los líquidos, repite dos veces la operación, conserva los líquidos (leche y crema de coco) y enfría.

```
** E (K/cal) - 118  Pt (g) - 0.90  LT(g) - 5.04  A.GrSt(g) - 4.14
A.GrMi(g) - 0.37  A.GrPi(g) - 0.07  Col(mg) - 2  HC(g) - 18.96
              Az(g) - 8.40  Fb(g) - 2.03  Vit.C(g) - 5.69
```

PARFAIT DE FRUTAS SILVESTRES

Rendimiento: 4 porciones
Tiempo de preparación: 20 min.

Parfait es una palabra en francés que quiere decir perfecto y creo que así es como vas a quedar con quien decidas compartir este postre, pues tiene un sabor muy agradable, es facilísimo de hacer y las frutas silvestres son ricas en vitamina C, E y fibra soluble. El yogurt bajo en grasa mantiene su contenido de calcio y el queso cottage es fuente de proteínas y proporciona una textura muy perfecta.

1 taza de agua
2 cucharadas de azúcar
1 raja de canela (chica)
1/2 taza de fresas
1/4 de taza de zarzamoras
1/2 de taza de blueberries
1/4 de taza de frambuesas
1/2 taza de granola
5 bolas de helado de yogurt
1/2 taza de queso cottage licuado

Decoración:
1 ramillete de hojas de menta
1 cucharada de canela en polvo

Pon en una olla el agua, azúcar y canela, agrega las frutas, calienta a fuego bajo, retira las frutas cuando estén ligeramente suaves y conserva por separado, deja los líquidos a fuego bajo hasta que la textura sea ligeramente pesada. Tuesta un poco la granola.
Sirve dentro de copas la mezcla de frutas, agrega una bola de helado y encima sirve granola, una porción de queso cottage y comienza de nuevo con las frutas y por último agrega el almíbar en el que cocinaste las frutas. Puedes decorar con hojas de menta y canela en polvo.

** E (K/cal) - 110	Pt (g) - 2.28	A.GrSt(g) - 1.17
Col(mg) - 2	Az(g) - 3.08	Fb(g) - 2.81

Flan de Queso y Plátano

Rendimiento: 20 porciones · Tiempo de preparación: 30 minutos

1 taza de leche condensada
2/3 de taza de queso crema
2/3 de taza de leche condensada
5 huevos
1 cucharadita de extracto de vainilla
1/2 plátano

Para el caramelo
1 cucharadita de mantequilla
4 cucharadas de azúcar

Precalienta tu horno a 180°C.
Licua todos los ingredientes y reserva. Calienta en un sartén la mantequilla y azúcar hasta formar un caramelo y pasa a un molde para flan; tírale la mezcla de tu licuadora.
Coloca sobre una charola honda para horno con agua y lleva directo y sin escalas a tu horno hasta que tome un color ligeramente dorado, retira y sirve.

** E (K/cal) - 144 Pt (g) - 4 A.GrSt(g) - 7
Col(mg) - 65 Az(g) - 28 Fb(g) - 0

ROLLOS PRIMAVERA DE PLÁTANO CON CHOCOLATE

Rendimiento: 4 porciones · Tiempo de preparación: 25 min.

Este postre no te lo puedes perder, cada vez que lo servimos
en mi cafetería la gente queda completamente feliz, ¡¡¡pruébalo!!!

Rollos primavera:
1 plátano tabasco entero
5 láminas de wonton grandes o tortillas de harina
1/2 taza de queso crema
1/2 taza de crema de chocolate y avellanas
2 yemas de huevo
1 taza de aceite
1/4 de taza de salsa de mango
1/4 de tazas de salsa de fresa

Salsa de mango y jengibre:
6 cucharadas de mantequilla
1/2 taza de jengibre fresco

3 rajas de canela
6 chiles de árbol
1/2 taza de mango licuado
2 cucharaditas de miel de maíz

Salsa de fresas y anís estrella:
1/4 de taza de mantequilla
1 taza de ralladura de naranja
1/2 cucharadita de cardamomo molido
4 anís estrella
1 1/4 tazas de fresas desinfectadas licuadas
3 cucharadas de miel de maíz

Para preparar los rollos primavera:
Corta el plátano en rodajas circulares y divide en cinco porciones. Extiende las láminas de wonton o tortillas de harina. Mezcla el queso crema y la crema de chocolate hasta integrar, coloca la mezcla en una manga. Sirve una porción de plátano y una porción de la mezcla de queso crema y crema de chocolate en cada lámina de wonton o tortilla. Barniza los bordes con la yema de huevo y enrolla como si hicieras un burrito.
Precalienta tu horno Whirlpool a 160°C y coloca los rollos sobre una rejilla puesta sobre una charola para hornear.

Para preparar la salsa de mango y jengibre con olor de chile de árbol:
Saltea en la mantequilla el jengibre sin que cambie de color, agrega el chile sin semillas y la canela, deja en el fuego por unos segundos y añade la pulpa de mango. Retira los chiles y la canela, rectifica el sabor con la miel de maíz.

Para preparar la salsa de fresas y anís estrella:
Saltea en la mantequilla la ralladura de naranja, agrega el cardamomo, anís estrella y fresas licuadas, deja en el fuego hasta reducir, retira el anís estrella. Rectifica el sabor con miel de maíz.

Puedes decorar con canela y azúcar glas.

TIP: La pasta wonton son hojas finas de pasta elaboradas con trigo, agua, huevo y sal. Esta pasta es la versión oriental de los ravioli italianos. Se puede preparar con rellenos salados o dulces, el límite es tu imaginación. Por ejemplo si los rellenas de plátanos, es perfecto porque son una fuente energética ricas en potasio, vitamina B6 y ácido fólico. Y qué mejor acompañamiento que la pasta de chocolate y avellanas muy energética, fuente de magnesio y cobre.

** E (K/cal) - 559	Pt (g) - 2.46	A.GrSt(g) - 7.48
Col(mg) - 38	Az(g) - 0.45	Fb(g) - 2.33

El Más Fácil y Delicioso Postre de Plátano

Rendimiento: 4 porciones · Tiempo de preparación: 20 min.

3 paquetes de pan de caja
1 taza mantequilla
1/4 de taza de azúcar mascabado
3 cucharadas de esencia de vainilla
2 piezas huevos
2 tazas de crema para batir
3 cucharadas de Baileys o crema irlandesa
1 taza de leche baja en grasa
3 plátanos tabasco
2 cucharadas de almendras rebanadas

Aplana las rebanadas de pan y retírales las orillas, barniza cada pieza con mantequilla derretida y corta el pan en triángulos, cubre moldes para panqué con capacillos de papel y mete los triángulos de pan a los capacillos cubriendo el fondo y dejando que las puntas de los triángulos rebasen la altura de los capacillos, mete al horno a 160°C hasta que el pan esté ligeramente tostado y firme.

Mezcla en un tazón azúcar, vainilla, huevos, crema, Baileys y la leche. Pon esta mezcla a baño maría hasta que la textura sea más pesada.

Coloca dentro de los capacillos con pan porciones de plátano previamente rebanado y agrega la mezcla anterior, las almendras y sirve inmediatamente, puedes espolvorear con un poco de canela en polvo.

** E (K/cal) - 233   Pt (g) - 3.01   A.GrSt(g) - 10.55
   Col(mg) - 70   Az(g) - 1.50   Fb(g) - 0.66

Tartitas de Limón

Rendimiento: 10 porciones · Tiempo de preparación: 25 minutos

Para la masa
500g de harina
1/4 de taza de azúcar
Un toque de sal
90g de mantequilla suavizada
2/3 de taza de leche
Frijoles crudos, los necesarios

Para el relleno
1/2 taza de queso crema
1/2 de taza de queso doble crema
1/2 taza de jugo de limón
1/2 taza de leche condensada

Para decorar
3 cucharadas de azúcar
2 cucharadas de agua
4 claras
1 limón (el jugo)
1 cucharada de ralladura de limón

Precalienta tu horno a 180 °C.

Mezcla e integra perfectamente con las manos todos los ingredientes de la masa.

Enharina la superficie de trabajo y un rodillo. Extiende la masa hasta que quede de 1 cm de grosor aproximadamente. Engrasa y enharina moldes individuales y acomoda la masa en cada uno de ellos; corta los excedentes de las orillas. Coloca un círculo de papel de aluminio en cada molde y cubre con frijoles; mete a tu horno y hornea hasta que la masa dore. Retira y deja enfriar.

Licua los ingredientes del relleno, pon sobre las tartas, tapa bien y mete a tu refri. Reserva.

Calienta en un sartén azúcar y agua hasta tener un almíbar (no dejes que cambie de color); bate las claras, agrégale poco a poco el jugo de limón y el almíbar, y sigue batiendo hasta tener un merengue. Por último, tírale la ralladura y sirve las tartas con el merengue encima.

*NOTA: Para darle un toque diferente, puedes darle unos tonos dorados quemando la superficie del merengue con un soplete de cocina.

** E (K/cal) - 419	Pt (g) - 10	A.GrSt(g) - 17
Col(mg) - 50	Az(g) - 57	Fb(g) – 0

Jicaleta y Paletas de Sandía

Rendimiento: 5 porciones · Tiempo de preparación: 10 minutos

1 jícama mediana, lavada y pelada
5 palos de madera para paleta
2 triángulos de sandía medianos con todo y cáscara

Para servir
Limones al gusto
Chile piquín al gusto
Chamoy al gusto

Corta la jícama en 3 rebanadas como de 2 cm cada una, ensarta cada rebanada con un palo de madera, al igual que las 2 rebanadas de sandía, coloca en un platón y lleva a la mesa. Acompaña con limones, chile piquín y chamoy al gusto.

** E (K/cal) - 58   Pt (g) - 2   A.GrSt(g) - 0
Col(mg) - 0   Az(g) - 13   Fb(g) – 1

Mousse de Fresa y Chabacano

Rendimiento: 8 porciones · Tiempo de preparación: 25 minutos

1 taza de crema para batir
1/2 taza de mermelada de fresa
1/2 taza de mermelada de chabacano
2 sobres de gelatina sin sabor hidratada en agua fría
1 taza de fresas lavadas, desinfectadas y en cuartos
1/2 taza de zarzamoras lavadas y desinfectadas
1 manzana en cubos chicos
Hojas de hierbabuena lavadas y desinfectadas para decorar

Bate la crema hasta que esté firme, divide en 2 y mezcla por separado con las mermeladas; funde la gelatina sin sabor en tu microondas (25 segundos, aprox.), agrega la mitad a una mezcla y la mitad a otra; de inmediato, pasa a vasos bajos con las frutas. Tapa bien y lleva a tu refri. Saca al momento de servir.

** E (K/cal) - 130	Pt (g) - 2	A.GrSt(g) - 9
Col(mg) - 11	Az(g) - 10	Fb(g) - 1

Arroz con Leche

Rendimiento: 4 porciones · Tiempo de preparación: 15 minutos

2 tazas de agua
1 taza de arroz remojado y escurrido
1 cucharadita de extracto de vainilla
1 raja de canela chica
3 hojas de hierbabuena
2/3 de taza de azúcar
2 tazas de leche
1 1/2 tazas de uvas pasas
1/4 de taza de cáscara de naranja en julianas
4 cucharadas de rompope

En una olla calienta el agua con el arroz, vainilla, canela, hierbabuena y azúcar, deja que el arroz empiece a cocerse y agrega la leche y las uvas pasas; sigue cocinando hasta que el líquido haya reducido a la mitad.
Retira del fuego, deja enfriar y sirve en vasitos con un toque de canela molida, cáscara de naranja y rompope.

** E (K/cal) - 487	Pt (g) - 7	A.GrSt(g) - 5
Col(mg) - 17	Az(g) - 104	Fb(g) – 0.0

Panquecitos de Harina de Arroz

RECETA NUEVA

Rendimiento: 12 porciones · Tiempo de preparación: 40 minutos

1/2 taza de mantequilla suavizada
1/2 taza de azúcar
2 1/2 tazas de harina de arroz
2 cucharadas de polvo para hornear
1 cucharada de canela
2/3 de taza de leche
2 yemas
1/2 taza de naranja cristalizada, picada
1/2 taza de chispas de chocolate
2 claras batidas
Azúcar glas al gusto

Precalienta tu horno a 180°C.
En tu batidora acrema la mantequilla, añade azúcar, mezcla los polvos y agrégalos poco a poco, así como las yemas y la leche.
Integra la naranja, las chispas de chocolate y las claras en forma envolvente. Pasa a un recipiente para panquecitos. Mete a tu horno hasta que esponjen y estén ligeramente dorados.
Pasa una rejilla y decora con azúcar glas.

** E (K/cal) - 237	Pt (g) - 3	A.GrSt(g) - 10
Col(mg) - 65	Az(g) - 34	Fb(g) - 0

CREPAS DE PLÁTANO CON SALSA DE YOGURT

Rendimiento: 12 porciones · Tiempo de preparación: 25 minutos

Para la masa de crepas
3 tazas de leche
1 taza de harina
3 huevos
1 cucharadita de azúcar
Un toque de sal
4 cucharadas de mantequilla derretida

Para servir
1 cucharada de mantequilla
2 plátanos en rebanadas sesgadas
2 cucharadas de azúcar
1 cucharadita de canela molida
1/2 taza de yogurt natural
1/2 taza de crema de avellana y chocolate

Mezcla en tu licuadora los ingredientes de la masa para crepas y deja reposar 5 minutos. Calienta un sartén con capa antiadherente, tírale un cucharón de la masa e inclínalo un poco para cubrir toda la superficie y formar la crepa, deja dorar y voltea; pasa a un platón y reserva.
En un sartén calienta la mantequilla y saltea, agrégale azúcar, canela y dora. Retira.
Coloca en un tazón el yogurt con la crema de avellana y chocolate e incorpora perfectamente con un batidor.
Calienta las crepas, rellénalas con el plátano y al momento de servir, baña con la salsa.

** E (K/cal) - 232	Pt (g) - 7	A.GrSt(g) - 13
Col(mg) - 68	Az(g) - 25	Fb(g) - 1

Copa de Frutas Rojas

Rendimiento: 4 porciones · Tiempo de preparación: 10 minutos

1/2 taza de fresas lavadas y desinfectadas
1/2 taza de frambuesas lavadas y desinfectadas
1/2 taza de zarzamoras lavadas y desinfectadas
1 durazno en medias lunas
4 cucharadas de miel
1 cucharadita de hojas de menta lavadas, desinfectadas y picadas
1 taza de yogurt natural

Corta las fresas a la mitad y mezcla con el resto de las frutas. Reserva.
En otro tazón mezcla miel y menta. Divide las frutas en 4 copas, tírale el yogurt y acompaña con la miel de menta.

** E (K/cal) - 155 Pt (g) - 3 A.GrSt(g) - 2
Col(mg) - 9 Az(g) - 32 Fb(g) – 1

Marqueta de Chocolate y Frutos Secos

Rendimiento: 10 porciones · Tiempo de preparación: 30 minutos

1 1/2 tazas de chocolate fundido
1/2 taza de orejones de chabacano picados
1/2 taza de nueces
1/2 taza de cacahuates picados
1/2 taza de fruta cristalizada (naranja, limón, piña, fresa...)

En una charola ligeramente honda coloca papel encerado; mezcla en un tazón el chocolate con el resto de los ingredientes, integra bien y vacía sobre la charola. Tapa con plástico, deja que endurezca, corta en cuadros y envuelve en papel encerado.

** E (K/cal) - 192	Pt (g) - 4	A.GrSt(g) - 14
Col(mg) - 0	Az(g) - 13	Fb(g) – 1

Como tú sabes, una de las labores que me mantienen ocupado es la campaña permanente en contra del sobrepeso y la prevención del mismo. Existen datos alarmantes que dicen que 1 de cada 6 niños con sobrepeso será un adolescente obeso, y de éstos, el 35% se convertirán en adultos obesos. Ahora como tío y seguramente en un futuro como papá, me interesa que nosotros le transmitamos a estas nuevas generaciones buenos hábitos alimenticios, así como practicar algún ejercicio o actividad física. Las siguientes recetas son un ejemplo de que no se tienen que hacer sacrificios para convertir una comida tradicional de antojos en parte de la nueva cocina saludable para niños y adultos.

Aprovecha que a los niños les encanta participar en las actividades de los adultos, involúcralos desde ahora en la cocina en la medida de sus capacidades y de acuerdo con la edad que tengan. Por supuesto, siempre supervisados por un adulto. Te aseguro que estos momentos serán inolvidables para ellos, pero sobre todo quedarán grabados en ti.

Brócoli

Aceituna

Ejote

Huevo

Zanahoria

Jitomate

Pepino

Milanesas de Pollo Empanizadas con Fibra

Rendimiento: 4 porciones · Tiempo de preparación: 25 min.

Esta es una receta a la que ningún niño le va a poner un pero, es super fácil de hacer y además divertida, te sugiero la hagas con tus hijos y al disfrutar decorarla como cara seguramente al momento de comer se devorarán los vegetales que, como tú sabes, son importantísimos para ellos.

1 taza de leche baja en grasa
1 huevo
3 cucharadas de jugo de limón verde
2 dientes de ajo
4 medias pechugas de pollo aplanadas y deshuesadas
Pimienta negra al gusto
Sal al gusto

Para el empanizado:
3/4 de taza de avena molida
1/4 de taza de salvado en polvo
3 cucharadas de harina integral

Vacía en un tazón la leche, el huevo, el jugo de limón y el ajo previamente picado, revuelve bien y agrega sal y pimienta blanca al gusto. Marina las pechugas de pollo mientras preparas la base saludable para empanizar.

Para preparar el empanizado:
Mezcla la avena, el salvado y la harina integral.
Coloca la mezcla de avena y salvado sobre un plato o recipiente, saca las pechugas de la marinada y cúbrelas por los dos lados con la mezcla de avena en polvo. Ahora ponlas sobre una rejilla y repite la operación con el resto de las pechugas, mete al horno precalentado a (180°C) 355°F por 14 minutos aproximadamente.

TIP: El salvado es la cáscara o parte externa del grano de cereal, contiene minerales, principalmente hierro y vitaminas como tiamina, niacina y riboflavina, junto con algunas proteínas.

** E (K/cal) - 101   Pt (g) - 17.01   A.GrSt(g) - 0.55
Col(mg) - 50   Az(g) - 0.09   Fb(g) - 1.63

Pasta Cremosa

Rendimiento: 4 porciones · Tiempo de preparación: 25 min.

2 cucharadas de aceite de oliva
3 cucharadas de cebolla picada
1 taza de corazones de alcachofa o jitomates sin semillas en cuartos
1/2 taza de champiñones
1 taza de espinacas
1/2 taza de crema baja en grasa
3 tazas de pasta espagueti o fetuccini cocida
1/2 taza de queso parmesano rallado
1 cucharadita de pimentón

Cocina en un sartén con aceite la cebolla picada hasta que esté transparente, agrega los centros de alcachofa o el jitomate y deja a fuego alto por un par de minutos mientras mueves el sartén. Agrega los champiñones, las espinacas y la crema y baja el fuego a la mitad, cocina hasta que la crema hierva. Después retira del fuego y sirve encima de la pasta previamente cocinada en agua como lo haces de forma habitual, por último espolvorea sobre la pasta el queso parmesano, el pimentón y sirve.

** E (K/cal) - 447   Pt (g) - 15   A.GrSt(g) - 4
Col(mg) - 32   Az(g) - 3.76   Fb(g) - 1

Paletas de Galleta

Rendimiento: 8 porciones · Tiempo de preparación: 35 minutos

3 tazas de harina integral cernida
1 cucharadita de polvo para hornear
1/2 taza de azúcar
1/2 taza de mantequilla
1 cucharada de extracto de vainilla
1/2 taza de leche
1 huevo
1/2 taza de chispas de chocolate de colores
1/2 taza de chispas de chocolate y menta
Palos de madera para paleta

Precalienta tu horno a 180°C.

En un tazón mezcla con las manos harina, polvo para hornear, azúcar y mantequilla, agrega vainilla y leche (sigue amasando); por último, añade el huevo, integra bien, combina con las chispas de chocolate, forma bolas grandes y aplástalas para formar círculos de 10 cm de diámetro, aproximadamente. Coloca las galletas enfiladas sobre una charola con papel encerado, ponles un palo de paleta a cada una y hornea hasta que doren ligeramente.

**** E (K/cal) - 419   Pt (g) - 8   A.GrSt(g) - 18
Col(mg) - 22   Az(g) - 57   Fb(g) – 6**

Hot Cakes o Waffles de Sabores

Rendimiento: 4 porciones · Tiempo de preparación: 25 min.

Uno de mis desayunos favoritos. En esta receta uso harina integral pues es más nutritiva, agrego polvo para hornear y claras de huevo para darle una consistencia mucho más ligera e inflada, independientemente que las claras de huevo aportan proteínas, el yogurt le da una textura más suave y aporta calcio, al incorporar el azúcar glas a la mezcla le daremos un sabor más dulce con menos cantidad de azúcar y al cocinarse los hot cakes o waffles tendrán una textura crujiente y caramelizada.

Puedes complementarlos con plátano o algún otro ingrediente como chocolate, arándanos, uvas pasas, etcétera.

1/2 taza de yogurt bajo en grasa
1/2 taza de leche descremada
2 tazas de harina integral
4 cucharadas de agua mineral
1 huevo
2 pizcas de sal
1/2 cucharadita de polvo para hornear
4 cucharaditas de azúcar glas

2 cucharadas de mantequilla derretida
4 claras de huevo

Para el complemento de sabores:
Plátanos
1 cucharadita de azúcar mascabado
1/4 de cucharadita de canela
1 plátano en rebanadas
1 cucharadita de mantequilla

Para la masa de los waffles o hot cakes:
Bate todos los ingredientes, menos las claras de huevo. Monta las claras de huevo a punto de turrón e integra con la mezcla anterior de manera envolvente.

Para preparar los plátanos:
Espolvorea los plátanos con azúcar y canela y saltéalos en un sartén con mantequilla sin dejar que cambien de color, conserva por separado.

Para preparar los hot cakes:
Barniza un sartén o plancha con un poco de mantequilla y coloca algunos plátanos al fuego, sirve parte de la masa encima y deja al fuego hasta que se cocine por un lado, dale la vuelta y termina de cocinarlos por el otro lado.

Para preparar los waffles:
Mezcla los plátanos con la masa de forma envolvente y sirve sobre una wafflera barnizada con mantequilla.

** E (K/cal) - 187	Pt (g) - 6.76	A.GrSt(g) - 3.43
Col(mg) - 35	Az(g) - 5.51	Fb(g) - 3.49

Pan Francés a mi Manera

Rendimiento: 4 porciones · Tiempo de preparación: 15 min.

Esta es la receta favorita de mi sobrino Mauricio,
y seguramente se convertirá en la favorita de muchos de ustedes.

8 piezas de pan de caja multigrano
2 claras de huevo
1/4 de taza de leche baja en grasa
1/2 cucharada de esencia de vainilla
2 cucharadas de azúcar glas
1/2 cucharadita de mantequilla

Crema Dulce Baja en Grasa

Esta receta es una excelente alternativa para usar como crema dulce, pero
con el beneficio de que casi no contiene grasa y sí proteína.

1/2 taza de yogurt
1/2 taza de queso cottage
1 cucharadita de esencia de vainilla
1/2 cucharadita de jugo de limón
1/2 cucharadita de ralladura de naranja
1/2 cucharada de miel de abeja

Para preparar el pan francés:
Retira las orillas del pan.
Mezcla las claras de huevo, la leche y la esencia de vainilla con el azúcar.
Sumerge los panes en esta mezcla, precalienta un sartén barnizado con mantequilla y cocina los panes
hasta que cambien ligeramente de color y la consistencia de afuera sea ligeramente crujiente.

Para preparar la crema dulce:
Licúa todos los ingredientes.

Presentación:
Sirve el pan acompañado de la crema dulce. Te recomiendo agregues fresas, un poco de ralladura de
naranja o limón y canela en polvo.

** E (K/cal) - 141   Pt (g) - 7.25   A.GrSt(g) - 1.96
Col(mg) - 9   Az(g) - 3.76   Fb(g) - 1.84